Holger Weßling

FOR BASIC TO ONE-LINERS

Holger Weßling

Mit vielen Beiträgen und Verbesserungen durch Martin Roscher und Martin Gutenbrunner.
Mit hilfreicher Unterstützung von und einem herzlichen Danke an Robin Harbron.

Titelbild: Holger Weßling
Lektorat und Satz: Nico Barbat, Kelly LaMontagne
Basisdesign: Brian Crome
Druck: printmer, Krakau, Polen

1. Auflage, 2024

Barbat & Neumann GbR, Simrockstr. 43, D-53619 Rheinbreitbach

Bibliografische Information der Deutschen Nationalbibliothek
Die Deutsche Nationalbibliothek verzeichnet diese Publikation in der Deutschen Nationalbiografie; detaillierte bibliografische Daten sind im Internet über http://dnb.d-nb.de abrufbar.

ISBN:
Print 978-3-9826022-2-6
PDF 978-3-9826022-3-3

www.lookbehindyou.de

SERVICE-WEBSITE ZUM BUCH
Alle in diesem Buch aufgeführten Weblinks sowie Ergänzungen und Korrekturen finden Sie auf der Service-Seite zum Buch unter https://lookbehindyou.de/service-seite-zu-for-basic-to-one-liners/

Für alle, die mit One-Linern die Grenzen des Kreativen sprengen. Dieses Buch feiert euch – die Meister des Minimalen.

Inhalt

Vorwort

1.1 Holger Weßling (Harvey)

Mein starkes Interesse an der Programmierung in BASIC auf dem Commodore 64 wurde 2020 neu entfacht, angeregt durch einen kleinen Programmierwettbewerb für eine Demoscene-Freundschaftsparty *EXAC 2021*. Einige von euch kennen mich vielleicht durch meine Fachbücher *The Hobbyist's Guide to THEC64 Mini/ THEA500 Mini* (https://www.amazon.com/dp/1789820227/ bzw. https://www.amazon.com/dp/1837912211) oder das Retrogames-Buch *Impossible Mission I & II – The Official Guide* (https://www.amazon.com/dp/B08S7QDYP9).

1.2 Martin Roscher

Martin programmiert in BASIC, seit er seinen ersten Computer, einen CPC 464, bekam, und wechselte später zum C64. Er ist aktiv in der Retro- und Demoszene und organisiert eigene Events, unter anderem zum Thema *Sizecoding*. Martin hat einige Kapitel beigetragen, vor allem aber hat er zahlreiche Tests durchgeführt sowie Verbesserungen und Vorschläge gemacht, die dieses Buch erst zu dem gemacht haben, was es jetzt ist. Ganz vielen Dank, Martin!

1.3 Robin Harbron

Robin ist in der BASIC- und Commodore-Szene vor allem für seinen beliebten YouTube-Kanal *8-Bit Show and Tell* (https://www.youtube.com/@8_Bit) sowie für sein Engagement rund um den berühmten Einzeiler *10 PRINT* bekannt. Er hat freundlicherweise das Buch überarbeitet, Korrekturen vorgenommen und die sprachliche Qualität der englischen Ausgabe verbessert. Vielen lieben Dank, Robin!

1.4 Martin Gutenbrunner

Martins C64 kam 1987 ins Haus, 2020 folgte der Wiedereinstieg. Als aktives Mitglied im Forum64 hat er 3D-Modelle für C64-Erweiterungen gestaltet. In seinem YouTube-Channel *The 8-Bit Theory* (https://www.youtube.com/@the8bittheory) beschäftigt er sich mit zeitgemäßer Commodore-Basic-Programmierung und dabei mit echten Anwendungsfällen. Martin hat allerlei Änderungen in diesem Buch vorgeschlagen. Auch dir gilt mein besonderer Dank, Martin!

Einleitung

Dieses Buch wendet sich an Einsteiger, die jeden Rat schätzen, Fortgeschrittene, die aus vielen Tipps schöpfen können, wie auch an Pros, die hier und da sicher nützliche Details entdecken.

Viele Tipps sind allgemein gehalten, beziehen sie sich aber hauptsächlich auf die Verwendung in Einzeilern. Sie sind aber auch für beispielsweise 10-Zeiler und allgemeine BASIC-Programmierung nützlich.

Obwohl sich das Buch hauptsächlich der Programmierung des C64 widmet, sind doch die meisten Tipps ebenso für viele andere BASIC-Dialekte geeignet. Es beansprucht nicht, alle Varianten von One-Linern in sämtlichen Programmiersprachen abzudecken. Davon gibt es einfach zu viele. Deshalb bitten wir um Verständnis, falls hier nur einige wenige erwähnt werden. Danke.

Um dich von Anfang an daran zu gewöhnen, ohne Leerzeichen zu programmieren, und um die Zeitmessungen vergleichbarer zu machen, werden in diesem Buch in allen Codezeilen die Leerzeichen weggelassen.

2.1 BASIC-Persönlichkeiten

Carol Shaw ist die erste dokumentierte weibliche Spieleprogrammiererin. Sie lernte BASIC in der High School auf einem Fernschreiber. Sie entwickelte ein Spiel namens *Polo*, das das erste dokumentierte Videospiel einer Frau war (auch wenn es die Prototyp-Stufe nie verlassen hat) Zusammen mit Keith Brewster entwarf sie das *Atari Basic Reference Manual*. Ihr *3D-Tic-Tac-Toe* war das erste kommerzielle Videospiel, das von einer Frau entwickelt wurde – sie programmierte den Sound und die gesamte Grafik. Eines der beliebtesten Spiele überhaupt, *River Raid*, wurde ebenfalls von ihr entworfen. Das Spiel war ein Bestseller und wurde mit vielen Preisen ausgezeichnet. Auch deshalb ging sie im Alter von 35 Jahren in den Ruhestand – und das alles begann mit Grundkenntnissen in der High School.

Steve Wozniak, der berühmte Mitgründer von Apple, unternahm seine ersten Programmierschritte mit BASIC auf einem Terminal, das er in der Schule über ein Modem anschloss.

Bill Gates begann ebenfalls mit BASIC in der Schule und ist vorrangig verantwortlich für das BASIC des C64, da dieses auf seinem BASIC-Ableger basiert (siehe https://de.wikipedia.org/wiki/Altair_BASIC).

Mark Zuckerberg, Kopf von Facebook/Meta, erlernte Atari BASIC zunächst durch seinen Vater, der das Potenzial seines Sohnes erkannte und ihm einen Privatlehrer zur Seite stellte.

John Carmack, bekannt geworden durch *Oculus* und id Software, begann ebenfalls mit BASIC. Für ihn war das Programmieren im Alter von 11 Jahren eine sehr prägende Erfahrung. Heute lehrt er seine Kinder das Programmieren mit BASIC auf einem Apple, was er mit „Kung-Fu-Training in der unberührten Wildnis" vergleicht.

Elon Musk, bekannt als Gründer von Unternehmen wie Tesla und SpaceX, startete mit einem Commodore VIC 20 und dem dazugehörigen BASIC-Handbuch. Sein erstes kommerzielles Programm, *Blastar*, verkaufte er für 500 Dollar. Das Spiel kann man heute als HTML5-Version spielen (https://blastar-1984.appspot.com).

Linus Torvalds, der legendäre Schöpfer des *Linux-Kernels* und der Versionsverwaltungssoftware *Git*, fing mit 10 Jahren an, einfache Programme in BASIC zu schreiben. Seine Schwester behauptet, sein erstes einfaches Programm habe *Sarah ist die Beste* geheißen.

Vielen Dank für diese Informationen an:
https://retrogamecoders.com/commodore64-basic-programming/

2.2 Das erste Basic-Programm

Ich habe einen lesenswerten Artikel von Stefan Höltgen auf *Telepolis* entdeckt: *GOTO 1964 – 50 Jahre BASIC und kein Ende* (http://www.heise.de/tp/artikel/41/41468/1.html). Dort wird das Programm als „erstes" BASIC-Programm angeführt. Dieses 13-zeilige Programm erscheint für einen Test sinnvoller, da es mehr Funktionen prüft. Bisher wird das erste Programm aus dem ersten BASIC-Handbuch als erstes BASIC-Programm genannt. Diese Ansicht wird durch das YouTube-Video *BASIC at 50* gestützt (https://www.youtube.com/watch?v=gxo9LVIgOiI, Zeitindex 1:45).

2.3 One-Liner-Geschichte

Einen sehr interessanten Eintrag, nicht nur zu One-Linern mit Commodore-Maschinen, gibt es in Wikipedia: https://en.wikipedia.org/wiki/One-liner_program.

Und auch heise online widmet sich dem Thema in einem interessanten Artikel unter https://www.heise.de/news/Lesestoff-Die-Kunst-der-Basic-One-Liner-3944822.html.

2.4 Was ist ein Einzeiler?

Obwohl es auf den ersten Blick offensichtlich erscheinen mag, was ein Einzeiler ist, lohnt es sich, hier genauer hinzusehen, um Unklarheiten auszuräumen. Bei näherer Betrachtung erweist sich die Sache als weniger trivial, als es zunächst den Anschein hat.

Auf den ersten Blick könnte man annehmen, dass ein Einzeiler lediglich in eine einzelne Bildschirmzeile von meist 40 Zeichen passen oder sogar nur aus einem einzigen Befehl bestehen müsste. Dies ist jedoch nicht der Fall, da solch strenge Beschränkungen die Kreation beeindruckender Einzeiler erheblich erschweren würden.

2.4.1 Echte / natürliche Einzeiler

Die maximal „erlaubte“ Länge von Einzeilern hängt im Normalfall von technischen Limitierungen ab, welche von Gerät zu Gerät unterschiedlich sein können. Am C64 kann man beispielsweise maximal 2 Bildschirmzeilen zu je 40 Zeichen, also in Summe 80 Zeichen, eingeben. Der Commodore 128 erlaubt die Eingabe von 160 Zeichen, und am Schneider CPC stehen auf Anhieb sogar 256 Zeichen zur Verfügung. Einzeiler, die ohne Problem am System eingegeben werden können, werden in diesem Buch als echte beziehungsweise natürliche Einzeiler bezeichnet.

Auf eine Besonderheit am C64 sei noch hingewiesen: Nicht nur, aber auch am C64 kann man Befehle bekanntlich abkürzen. So wird aus einem Fragezeichen (`?`) der `PRINT`-Befehl, und aus der Buchstabenkombination `pO` wird `POKE`. Deshalb kann es durchaus vorkommen, dass eine gelistete Programmzeile mehr als 80 Zeichen hat, obwohl es bei der Eingabe nur 80 oder weniger Zeichen waren.

INFO: Programmdarstellung

In diesem Buch werden Programme in der ungekürzten (das heißt geLISTeten) Version angeführt, damit diese leichter lesbar sind. Der besseren Vergleichbarkeit wegen wird in vielen Fällen auch die Anzahl der Zeichen mit gekürzten Befehlen dargestellt. In allen Fällen werden die angegebene Zeilenzahl und das folgende Leerzeichen nicht mitgerechnet!

```
POKE53281,I:POKE53280,255-I:I=I+1:GOTO10
```

= 40 Zeichen

```
pO53281,I:pO53280,255-I:I=I+1:gO10
```

(gekürzt 34)

2.5 Erweiterte Einzeiler

Um am Commodore 64 Zeilen mit über 80 Zeichen einzugeben, bedarf es einiger Tricks. Am C64 selbst kann man sich hierzu mit POKEs oder eigenen Tools behelfen. Viel einfacher geht es aber mit sogenannten Cross-Development-Tools wie beispielsweise dem *CBM prg Studio*. Diese erlauben es, problemlos Programmzeilen mit Überlänge zu erstellen.

Es ist sogar möglich, Zeilen mit einer Länge von 256 Bytes und mehr zu erstellen. Allerdings können solche Programme weder mit normalen Mitteln geladen noch gelistet oder per Hand eingetippt werden.

Der Fokus dieses Buches liegt auf den „echten“ Einzeilern, wobei auch die erweiterten Einzeiler berücksichtigt werden.

INFO: Zeichen versus Bytes

Während bei echten Einzeilern die eingegebenen Zeichen eine übergeordnete Rolle spielen, sind es bei erweiterten Einzeilern die intern verarbeiteten Bytes, die ausschlaggebend sind und eine bessere Vergleichbarkeit ermöglichen.

2.5.1 Der 80-Zeichenmodus des C128

Eine Zeile im C128 BASIC kann 160 Zeichen lang sein und somit doppelt so lang wie im C64. Wird die Zeile als Programm gespeichert, kann sie im C64 ganz normal geladen und aufgerufen werden. Nur Editieren wird dann nicht funktionieren.

2.6 Assembler in BASIC

In vielen Einzeiler-Wettbewerben ist die Verwendung von Assembler-Tricks nicht gestattet. Dennoch existieren einige Methoden, um Maschinensprachecode von BASIC aus einzufügen und auszuführen, was im Folgenden dargestellt wird.

Das Beispiel zeigt, wie sich Daten mithilfe des PRINT-Befehls in das RAM ab Adresse 49152 ($C000) schreiben lassen:

```
10 POKE648,192:PRINT"......":SYS49152
```

POKE648,192 setzt das sogenannte Highbyte des Bildschirmspeicheranfangs auf $C000. Ab dieser Stelle wird der Inhalt, der in PETSCII gewandelte Maschinensprachecode, zwischen den Anführungsstrichen sozusagen in den Speicher geprintet.

SYS49152 ist der Aufruf dieser Speicherstelle, da 49152 = hexadezimal $C000 ist, und startet dadurch das Maschinenspracheprogramm. Der Trick kann auch folgendermaßen verwendet werden:

```
10 DATA"......":READA$:POKE648,192:PRINTA$:SYS49152
```

2.6.1 In Speicher schreiben mit PRINT

Die folgende Methode ist ein weiterer Trick, der komplett ohne Maschinensprache auskommt und dennoch sehr schnell ist. Verständlich erklärt und mit einem fertigen Programm zur kostenlosen Nutzung erhältlich ist *PRINT IS THE NEW POKE* (PitnP) des Programmierers *Wil*.

PitnP ist ein 10-Zeilen-BASIC-Programm für den Commodore 64, das ein anderes BASIC-Programm erstellt, welches Daten direkt in den Speicher schreibt. Man kann es mit einem Emulator wie beispielsweise VICE öffnen oder direkt in einen echten C64 laden oder eintippen.

In vielen C64 BASIC-Programmen wird der Befehl POKE verwendet, um Zahlen in den Speicher zu schreiben. Dieser Prozess nimmt viel Platz ein und ist langsam. Der PRINT-Befehl hingegen schreibt effektiv in den Bildschirmspeicher, und bei vielen aufeinanderfolgenden Bytes ist PRINT schneller als POKE. Interessanterweise kann man den Bereich, in den das Betriebssystem durch PRINT schreiben soll, auswählen. Das Schreiben von PRINT-Anweisungen kann jedoch mühsam sein, da man spezielle Zeichen auswählen und den reverse Modus entsprechend aktivieren beziehungsweise deaktivieren muss.

Das 10-Zeilen-Programm vereinfacht diesen Prozess und generiert den Code zum Drucken in den Speicher. Das Programm besteht aus reinem BASIC, enthält keinen Maschinencode und hat Zeilennummern von 990 bis 999.

Ein Anwendungsbeispiel zeigt, dass das PitnP-Programm nicht nur weniger Speicherplatz benötigt, sondern auch etwa sechsmal schneller ausgeführt wird als der herkömmliche DATA/POKE-Ansatz.

Das Programm inklusive Beispiele findet man auf folgender Website: https://csdb.dk/release/?id=177079.

2.6.2 Grafik-Code als Maschinensprache in BASIC

Hier ein anderes, ähnliches Beispiel, in dem ein paar Tricks ausgenutzt wurden. Die Zeile ist 266 Zeichen lang (242 gekürzt). Hier wird der Maschinensprachecode direkt in den Bildschirmspeicher des C64 geprintet.

Das Ergebnis ist ein sich bewegendes Gitter, das nach oben rechts wandert. Die Farben des Gitters pulsieren gelbgrünlich.

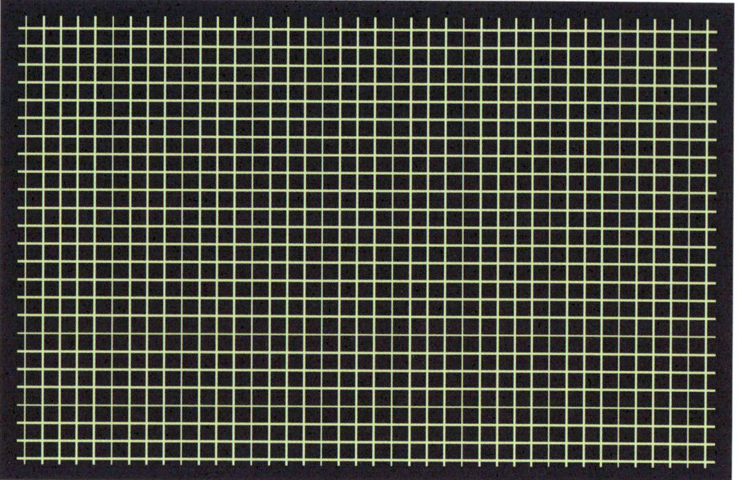

Das kann auch ohne solche Tricks in unter 160 Zeichen purem BASIC fast genauso realisiert werden, wie ich auf YouTube entdeckte: *Commodore 64 Basic miniature screen pixel scroll* (https://www.youtube.com/watch?v=VFvPOMDCVKg).

```
10 PRINTCHR$(147):POKE53280,6:POKE53281,1:
   FORL=1024TO2023:POKEL,123:NEXTL
30 FORL=0TO7:WAIT53265,128:POKE53265,(PEEK
   (53265)AND240)OR7-L:POKE53270,L:NEXT:GOTO30
```

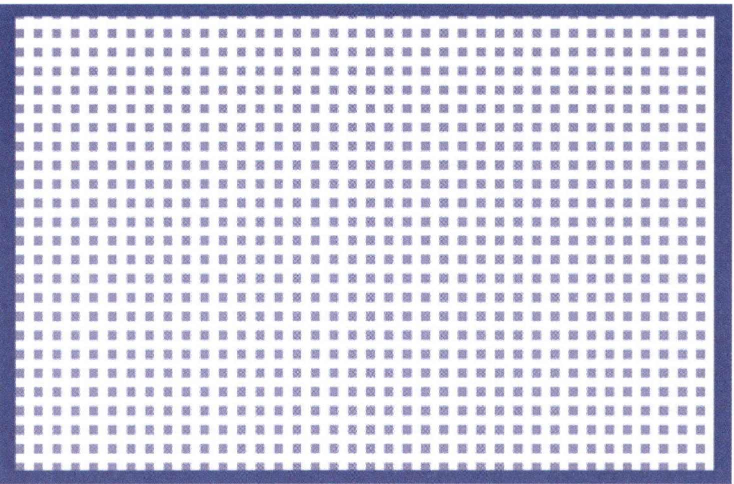

Als ich mir den Code ansah, dachte ich sofort: Das geht kürzer! *Übung 2* (Abschnitt 7.2) zeigt eine fast identische Version mit unter 80 Zeichen und erklärt jeden Schritt hin zur Lösung.

2.6.3 Cross-Assembler

Ein Assembler ist ein Werkzeug, das menschenlesbaren Maschinensprache-Code (Assembler-Code) in maschinenlesbaren Code (oft als Maschinen- oder Binärcode bezeichnet) umwandelt. Ein *Cross-Assembler* ist speziell dazu gedacht, auf einer Maschine (z. B. einem modernen PC) Code zu kompilieren, der auf einer anderen, oft älteren oder spezialisierten Maschine (in diesem Fall dem C64) läuft. Warum sind Cross-Assembler für den C64 relevant? Programmieren direkt auf dem C64 kann insbesondere bei größeren Projekten mühsam sein. Die eingeschränkten Ressourcen und die langsame Geschwindigkeit des Computers verlangsamen den Assemblierungsprozess. Mit einem Cross-Assembler können Entwickler in den Luxus kommen, auf einem modernen Computer mit all seinen Ressourcen und Werkzeugen zu arbeiten und dann den erstellten Code auf dem C64 auszuführen.

Drei bekannte, mit dem C64 kompatible Cross-Assembler sind folgende Kandidaten: **ACME** ist ein kostenloser Cross-Assembler, der für verschiedene Plattformen verfügbar ist und eine Vielzahl von Ausgabeformaten unterstützt. Der Cross-Assembler **Kick Assembler** (kurz **KickAss**) bietet neben den Standardfunktionen auch Makros und andere erweiterte Funktionen. **CA65** ist ein Teil des CC65-Compiler-Sets, der eine komplette Cross-Entwicklungsumgebung für den C64 und andere Commodore-Computer bietet.

BASIC-Basics

3.1 Mathematische Prioritäten

Die nachfolgende Übersicht zeigt, welche Rechenoperation mit welcher Priorität vom Interpreter bearbeitet wird, denn jede Rechenart hat einen Prioritätscode. Wenn zwei Rechenoperationen ohne Klammern verschachtelt sind, so wird die Rechenart mit der höchsten Priorität zuerst ausgeführt.

Operator	Bedeutung
`()`	Klammern (zur Kennzeichnung der Abarbeitung)
`^`	Potenzierung
`+-`	Vorzeichenwechsel
`/`	Division
`*`	Multiplikation
`-`	Subtraktion
`+`	Addition
`< > =`	Vergleiche und deren Kombinationen
`NOT`	
`AND`	
`OR`	

```
A*B-C^DAND2-3
```

Zuerst wird C hoch D gerechnet, weil die Potenz die höchste Priorität hat. Dann erfolgt A*B, weil die Multiplikation die zweithöchste Priorität besitzt. Abschließend folgen die Subtraktionen.

```
A=10-A+1
```

Man könnte glauben, dass das Ergebnis 9 wäre. Es ist aber 11. Denn der Interpreter rechnet so:

`A=(10-A)+1` mit dem Ergebnis A = 11
Vergleiche das mit:
`A=10-(A+1)` mit dem Ergebnis A = 9

INFO: Priorität ungleich Geschwindigkeit
Die Priorität steht in keinerlei Zusammenhang mit der Geschwindigkeit der Abarbeitung eines Befehls.

Das folgende Beispiel zeigt, dass die Addition in diesem Fall schneller abläuft. Obwohl die Subtraktion eine höhere Priorität hat, ist die Addition in diesem Fall schneller:

```
10 FORI=1TO100:A=20-2:NEXT
```
Benchmark = 34
```
10 FORI=1TO100:A=20+2:NEXT
```
Benchmark = 33

3.2 Rundung

Interessanterweise wird auch dann richtig gePOKEt, wenn eine Zahl eine Nachkommastelle hat.

```
A=1024.12:POKEA,42
```

Der POKE wird im Bildschirmspeicher des C64 (Adresse 1024) einen * = CHR$(42) produzieren, ohne eine Fehlermeldung.

INFO: Näherungswerte
Man kann also auch mit Näherungswerten arbeiten, falls eine Formel mal nicht mit ganzen Zahlen arbeitet.

3.3 Variablen

Alle Variablen (außer den Systemvariablen) haben beim Neustart des Rechners und nach einem RUN immer den Wert 0, und Strings sind stets leer.

Eine grundsätzliche Regel ist, dass Variablen, die nur einmal benutzt werden, genauso gut weggelassen werden können, mit der Ausnahme, wenn es um Geschwindigkeit geht. Vermuteter Grund: Wenn eine Variable verwendet wird, dann muss der Wert nur einmal in Maschinencodierung übersetzt werden.

INFO: Nicht nutzbare Variablennamen
Es gibt vermeintliche Variablennamen, die nicht verwendet werden können. Hier nur ein paar Beispiele: TORWART, WINTER, GOOD, VORHER. Der Grund ist einfach: In allen Wörtern kommen Befehle vor: TO, INT, GO, OR.

3.4 Systemvariablen

Der Vollständigkeit halber führe ich folgend die verfügbaren Systemvariablen auf:

TI = Die Systemvariable ist ein Timer (Zeitzähler), der die seit dem Einschalten des C64 oder dem letzten 24-Stunden-Überlauf oder nach einem Reset verstrichene Zeit in 1/60 Sekunden zählt. (Infos: https://www.c64-wiki.de/wiki/TIME)

TI$ = Die Systemvariable enthält eine sechs Zeichen lange Zeichenkette (String), die die Laufzeit des Rechners seit dem letzten Zurücksetzen oder einem Überlauf nach 24 Stunden oder den Zeitverlauf seit der letzten Zuweisung in Stunden, Minuten und Sekunden angibt (Format: HHMMSS). (Infos: https://www.c64-wiki.de/wiki/TIME$)

ST = Die Systemvariable ST (üblicherweise in einer Langform als STATUS bezeichnet) dient zum Abfragen von Meldungen, die bei Ein- und Ausgabevorgängen von Datasette, RS-232 und seriellem Datenbus (z. B. Diskettenlaufwerk, Drucker) generiert werden. (Infos: https://www.c64-wiki.de/wiki/STATUS)

FRE = Nicht direkt eine Systemvariable, liefert aber dennoch einen Wert. Die BASIC-Funktion FRE() liefert die Anzahl der Bytes, die als freier RAM-Speicher für Programme und Variablen bei der momentanen Speicherbelegung noch verfügbar sind. (Infos: https://www.c64-wiki.de/wiki/FRE)

3.5 Konstanten

Eine Konstante definiert einen Wert, der nach seiner Festlegung unveränderlich bleibt. Das Gegenteil einer Konstante ist eine Variable. Das BASIC des C64 unterscheidet zwischen zwei Arten von Konstanten: numerische Fließkommazahlen, die entweder in Fixpunkt- oder Exponentialdarstellung vorliegen, und Zeichenketten.

Außerdem gibt es noch diese Konstanten, welche aber über BASIC nicht einfach per Befehl aufgerufen werden können:

HEX	**Dezimal**	**Erklärung**
$E2E0	58080	Trigonometrische Konstante 1,570796327 = π/2
$E2E5	58085	Trigonometrische Konstante 6,28318531 = 2*π
$E2EA	58090	Trigonometrische Konstante 0,25
$E2EF	58095	Trigonometrische Konstante 5 = Polynomgrad, dann 6 Koeffizienten
$E2F0	58096	Trigonometrische Konstante -14,3813907
$E2F5	58101	Trigonometrische Konstante 42,0077971
$E2FA	58106	Trigonometrische Konstante -76,7041703
$E2FF	58111	Trigonometrische Konstante 81,6052237
$E304	58116	Trigonometrische Konstante -41,3417021

Name	**Wert**	**Erklärung**
EXP	2.71828183	Eulersche Zahl
π	3.14159265	Kreiszahl Pi

3.5.1 DATA

Alle Zahlen, die hinter einem DATA stehen, werden automatisch zu Konstanten.

3.5.2 Mathematische Funktionen

Auf der anderen Seite sind viele weitere Konstanten in verschiedenen BASIC-Funktionen verborgen, wie etwa in EXP, SIN, COS, TAN, SQR. Für die iterative Berechnung ihrer Funktionswerte sind verschiedene Hilfswerte als interne Konstanten erforderlich.

3.6 Operatoren

Wahr & Falsch
1>0 (Wahr / True) hat den Wert -1
1<0 (Falsch / False) hat den Wert 0

Operatoren eignen sich zum Beispiel für eine IF-Abfrage, wenn -1 und 0 als Ergebnis vorausgesetzt wird. Sie sind deutlich kürzer und schneller als alle anderen Varianten mit diesem Ziel.

In modernen Programmiersprachen handelt es sich bei der IF-Bedingung um Boolesche Werte beziehungsweise um Ausdrücke, die einen Booleschen Wert (True oder False) zurückgeben.

```
10 IF X=10 THEN PRINT "OK"
```

Die meisten BASIC-Dialekte kennen den Datentyp *Boolean* allerdings nicht. True und False werden also oft wie folgt abgebildet beziehungsweise verwendet:

False: 0
True: alle Werte außer 0 (Default Wert -1)

Anzumerken ist, dass das Ergebnis einer booleschen Operation, etwa eines Vergleichs, stets -1 (für Wahr) oder 0 (für Falsch) ist.

```
PRINT 5>4 Ergebnis: -1
```

Weitere Infos: https://www.c64-wiki.de/wiki/Operatoren

3.7 (PEEK(A)ANDB)ORC

Oft lässt sich eine boolesche Anwendung, zum Beispiel beim Auslesen durch PEEK, deutlich kürzen, indem man sie ausrechnet. Was seltsam klingt, wird hier an einem Beispiel vorgeführt:

Im Original-Code (*Commodore 64 Basic miniature screen pixel scroll*) steht:

```
FORL=0TO7:POKE53265,(PEEK(53265)AND240)OR7-L
```

Danach habe ich den Wert von 53265 gePEEKt und erhielt 27. Dann habe ich aus 27AND240OR7 = 23 erhalten (Klammern können weggelassen werden). So konnte ich auf POKE53265,23-L kürzen und 20 Zeichen einsparen (17 in gekürzter Form).

Der POKE hat exakt so funktioniert wie im Original. Es funktioniert aber nicht in allen Fällen, da sich Werte während eines Programmablaufs ändern können oder die voreingestellten Werte übernommen werden müssen. Man sollte es immer auf Funktionalität gegenprüfen.

3.8 Das GOTO-Problem

Bei jedem GOTO oder GOSUB muss der Interpreter die folgende numerische Zeichenkette in eine 16-Bit-Ganzzahl umwandeln, und jede zusätzliche Ziffer in dieser Zeichenkette kostet zusätzliche Zeit. Daher wird es gerne vermieden. Es wird empfohlen, die zeitkritischen Routinen an den Anfang zu legen und den anderen Programmcode dahinter zu stellen.

```
1 GOTO 1000
10 Schneller Loop ... GOTO10
11 GOTO 1100
XX
990 GOTO 100
1000 Programm Code
1010 GOTO 10 REM Schneller Loop
1100 Programm Code
2000 END
```

BASIC-Speicher

4.1 Vergleichskriterien

Bei der Erstellung von gewöhnlicher Software wird meist auf die Lesbarkeit und die Wiederverwendbarkeit von Code Wert gelegt. Bei One-Linern ist dies weniger der Fall. Hier zählen in erster Linie das Ergebnis und die Länge des Codes.

Aber bereits bei der Bestimmung der Codelänge gibt es einige zu unterscheidende Varianten. Zum einem hat man den eingegeben Programm-Text, der in einer gekürzten und in einer ungekürzten Variante vorliegen kann.

Beim Eingeben ist oft die Arbeit mit gekürzten Befehlen erforderlich, da ansonsten das Programm erst gar nicht eingegeben werden kann. Im Gegensatz dazu wird aber beim Auflisten automatisch die ungekürzte Variante angezeigt. Da Befehle als Token gespeichert werden, spart dies einige Bytes. Allerdings werden zusätzliche Bytes für das Speichern von Verwaltungsinformationen (wie Zeilennummern, Programmende usw.) benötigt. Auch hier unterscheidet man zwischen zwei Varianten, denn Programme auf einem Datenträger benötigen im Gegensatz zu Programmen im Speicher normalerweise 2 Bytes mehr, da sie auch die Startadresse des BASIC-Programms speichern.

Natürlich spielt auch die Geschwindigkeit eines Programms eine große Rolle. Weil BASIC von Haus aus nicht besonders schnell ausgeführt wird, ist jede Geschwindigkeitsverbesserung willkommen. Kapitel 13 dreht sich komplett um das Thema *Speed*.

Bei Einzeiler-Wettbewerben gilt als Grenze meist 80 eingegebene Zeichen für echte/natürliche Einzeiler oder aber 255 Bytes, wenn der gesamte Speicher ausgenutzt werden darf.

4.2 Speicheraufbau BASIC

Die Bestimmung der Größe eines Programms kann recht kompliziert sein. Gespeichert werden Programme als ein Datenstrom von Bytes. Für technisch Interessierte ist der folgende Abschnitt bestimmt.

INFO: Befehlsspeicherung
Befehle werden nicht im Klartext gesichert und auch nicht abgekürzt, sondern als Token von je einem Byte gespeichert.

Eine BASIC-Zeile darf in Summe 255 Bytes groß sein (siehe https://www.c64-wiki.com/wiki/BASIC) und ist wie folgt aufgebaut:

- Die ersten 2 Bytes zeigen auf den Beginn der nächsten Zeile.
- Die Zeilennummer wird ebenso in 2 Bytes gespeichert, wobei das erste Byte das niederwertigere Byte darstellt (Little Endian Format).
- Schließlich folgt der eigentliche TOKENisierte Code mit einer maximalen Länge von 250 Bytes.
- Jede Zeile wird mit einer Null terminiert.

Abgeschlossen wird das gesamte BASIC-Programm mit zwei weiteren Nullen.

Hexadezimal:
5000: 00 55 Zeiger auf nächste BASIC-Zeile
5002: 60 EA Zeilennummer 60000
5004: ... die Daten
...
5500: 00 00 Ende des BASIC-Programms

Gespeicherte Programme benötigen außerdem 2 Bytes mehr, da auch die Anfangsadresse des Programms (beim BASIC des C64 meist $0801) gespeichert wird.

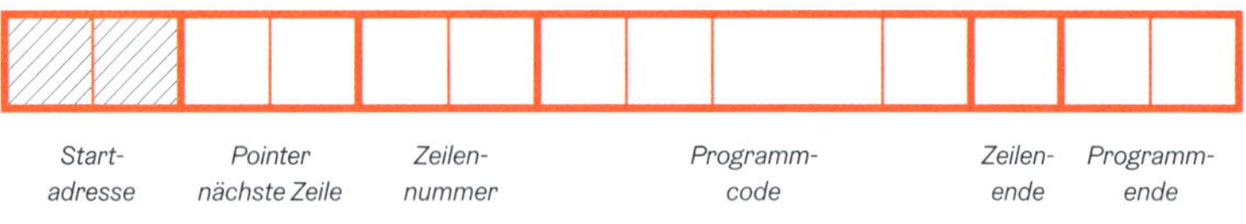

Der Vollständigkeit halber hier der schematische Aufbau eines Mehrzeilers.

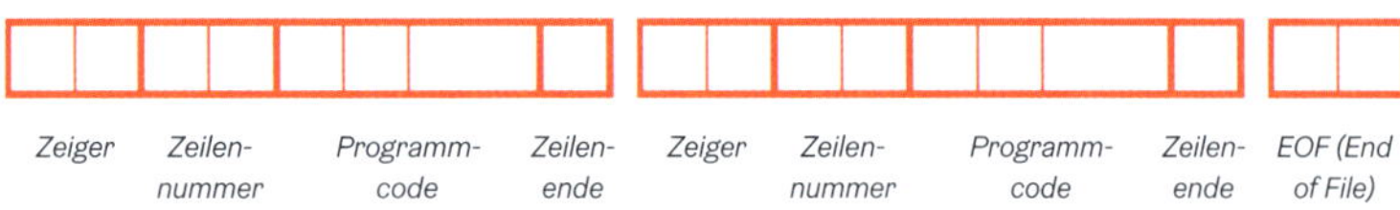

4.2.1 Einfaches Beispiel

Als Beispiel hier ein ganz einfaches Programm:

```
1 PRINT"A"
```

Als Datei gespeichert sieht das Programm mit einem HEX-Editor betrachtet wie folgt aus:

```
1printA.prg
01 08 0a 08 01 00 99 22 41 22 00 00 00
```

Anhand der Informationen aus dem vorherigen Abschnitt können die einzelnen Bytes einfach interpretiert werden. `01 08` steht für die Startadresse `$0801` von BASIC im Little Endian Format (siehe https://de.wikipedia.org/wiki/Byte-Reihenfolge). `0A 08` zeigt, wo das Programm die nächste Zeile erwartet, nämlich an der Adresse `$080A`. Die nächsten beiden Bytes `01 00` speichern die Zeilennummer 1. Nun folgt schließlich das eigentliche Programm. `99` stellt den `PRINT`-Befehl als Token dar. Die Zahlen `22` (Dezimal 34) sind Anführungszeichen, und dazwischen befindet sich der Buchstabe A als ASCII-Code (hexadezimal 41 bzw. dezimal 65) gespeichert. Die Zeile selbst wird mit einer 0 abgeschlossen. Das Programm endet mit zwei Null-Bytes. Würde das Programm noch weitere Zeilen beinhalten, so würde man anstatt der letzten beiden Null-Bytes einen Pointer zur übernächsten Zeile vorfinden. Hier nochmals das ganze Konstrukt grafisch dargestellt:

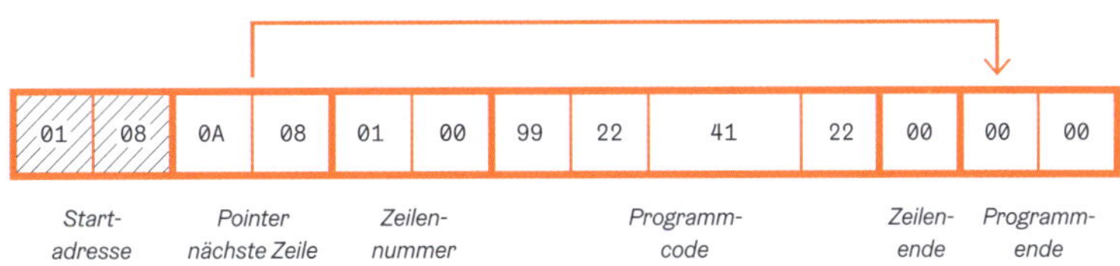

Die Programm-Datei hat eine Größe von 13 Bytes. Der eigentliche Programm-Code hat nur 4 Bytes. Die restlichen 9 Bytes sind sozusagen Verwaltungsdaten, wobei die Zeilennummer unabhängig von der Zahl immer 2 Bytes einnimmt. Ungekürzt und inklusive Zeilennummer ist das kleine Programm 9 Zeichen und die gekürzte Version gar nur 5 Zeichen lang.

4.3 Beispiel CBM prg Studio

Beim *CBM prg Studio* ist Vorsicht geboten, wenn man die Angabe der Bytes betrachtet, die beim Erstellen eines Programms ausgegeben wird. Leicht ersichtlich wird dies, wenn man ein minimalistisches Programm erstellt, welches nur einen Befehl wie PRINT ausführt. Die Größe für ein solches Programm wird vom *CBM prg Studio* mit 6 Bytes angegeben. Die resultierende Programmdatei selbst misst aber 10 Bytes. Offensichtlich werden hier die Startadresse und die beiden abschließenden Nullen (EOF) nicht einberechnet.

4.4 Speicherermittlung mit FRE()

Mit Hilfe von FRE() lässt sich der freie Speicher ermitteln. Man kann zum Wert 65536 dazuzählen, um diesen besser lesen zu können. Nach dem Start des Computers sieht die Situation normalerweise wie folgt aus:

```
?FRE(0)+65536
38909
```

Wenn man nun ein minimalistisches Programm eingibt, ändert sich natürlich auch der freie Speicher.

```
10?
?FRE(0)+65536
38903
```

4.5 Zusätzlicher Speicherbedarf für Variablen

Nicht nur der Programmcode selbst benötigt Speicher, sondern auch die vom Programm verwendeten Daten, sprich die Inhalte der Variablen. Da diese erst zur Laufzeit des Programms verwendet werden, lässt sich der Speicherbedarf am besten beobachten, indem man den freien Speicher vor und nach dem Start eines Programms misst. Folgendes Beispiel verdeutlicht dies:

```
?FRE(0)+65536
38909
```

Beim Einschalten des Commodore 64 stehen exakt 38909 Bytes zur Verfügung.

```
10A=5*9:DIMX(20)
?FRE(0)+65536
38892
```

Nach der Eingabe des vorgenannten Einzeilers stehen in diesem Fall 17 Bytes (38909 - 38892) weniger zur Verfügung. Zwölf Bytes benötigt der Code des Programms `A=5*9:DIMX(20)`. Der `DIM`-Befehl wird mit nur einem Byte gespeichert, wodurch zwei Bytes gegenüber der Länge in Zeichen gespart werden. Die Zeilennummer wird in zwei Bytes gespeichert, und das Programmende wird durch drei Nullen markiert.

```
RUN
?FRE(0)+65536
38773
```

Nachdem das Programm ausgeführt wurde, steht noch weniger Speicher zur Verfügung, da die Daten der Variablen (einfache Variablen, indizierte Variablen und Zeichenketten) an dem dafür vorgesehenen Ort gespeichert wurden. Eine tiefere Erörterung des Themas rund um die Speicherverwaltung würde allerdings den Rahmen dieses Buches sprengen.

4.6 Dateiformate

Wenn man Programme direkt am C64 abspeichern möchte, hat man primär zwei Möglichkeiten. Entweder speichert man auf Kassette oder auf Diskette. Beide Medien bieten keine zufriedenstellende Information darüber, wie groß eine Datei tatsächlich ist. Das Disk Operating System (kurz DOS) des C64 gibt die Dateigröße in Blocks an, wobei ein Block 256 Bytes entspricht. Die ersten beiden Bytes werden allerdings zum Verlinken mit dem nächsten Block verwendet, und außerdem muss der letzte Block nicht komplett gefüllt sein, sodass die Gesamtgröße der Datei weder direkt ersichtlich noch genau berechenbar ist.

Da C64-Programme heutzutage sehr häufig am PC verwendet oder zumindest mit dem PC heruntergeladen werden, lohnt sich ein Blick in die Welt der Dateiformate für den C64 am PC.

4.6.1 PRG

PRG-Dateien sind das Dateiformat der Wahl. Bei diesem Format werden zuerst zwei Bytes für die Startadresse des Programms und dann das Programm selbst gespeichert. Um den tatsächlichen Speicherbedarf im C64 zu berechnen, muss man lediglich zwei Bytes von der Programmgröße abziehen.

4.6.2 P00

Im Gegensatz zum PRG-Format speichert das P00-Format auch den originalen Dateinamen des Programms, so wie er am C64 sichtbar wäre. Dieses Format ist heute weniger gebräuchlich.

4.6.3
D64

Beim D64-Format handelt es sich um virtuelle Disketten. Die Größe des Programms kann nicht direkt ausgelesen werden. Mithilfe verschiedener Tools ist es allerdings möglich, den Inhalt der Datei anzeigen zu lassen oder die einzelnen Dateien als PRG-Datei zu extrahieren.

4.7
Systemgrundlage

Der Speicheraufbau des C64 (vor allem im Zusammenhang mit BASIC) wird auf folgender Website ausführlich erklärt:
https://www.c64-wiki.de/wiki/Speicherbelegungsplan

4.8
50KB Basic Speicher

Paradoxon-Basic ist ein Tool für das BASIC V2 des C64, das den für das jeweilige BASIC-Programm zur Verfügung stehenden freien Speicherplatz von den für den C64 typischen 38911 Bytes auf 51199 Bytes erweitert. Die BASIC-Erweiterung bietet 14 neue BASIC-Befehle wie beispielsweise RENUMBER oder OLD sowie die Möglichkeit der Belegung der Funktionstasten an, die hier nicht konfiguriert sind.

Paradoxon-Basic wurde im 64'er Sonderheft 21 vorgestellt. Weitere Infos: https://www.c64-wiki.de/wiki/Paradoxon-Basic

BASIC-Abkürzungen und Token

5.1
BASIC

Da BASIC weithin bekannt ist, hier nur eine Auflistung von Seiten, die sich voll und ganz dem Thema verschrieben haben:

- https://www.c64-wiki.com/wiki/BASIC_keyword_abbreviation
- https://www.c64-wiki.com/wiki/BASIC
- https://www.c64-wiki.de/wiki/BASIC
- https://en.wikipedia.org/wiki/Talk:Commodore_BASIC
- https://handwiki.org/wiki/Commodore_BASIC
- https://www.zock.com/8-Bit/D_Basic2.HTML
- https://www.c64-wiki.de/wiki/Token
- https://www.c64-wiki.com/wiki/BASIC_token
- https://www.c64-wiki.de/wiki/Tokenizer
- https://www.oocities.org/stegos/tok64/
- http://fileformats.archiveteam.org/wiki/Commodore_BASIC_tokenized_file

5.2 Varianten von Commodore BASIC

Es gibt von Commodore BASIC mehrere Varianten, die im Folgenden kurz vorgestellt werden: *Simons' BASIC*, *TSB* (Tuned Simons' BASIC), *Vision BASIC* und *XC=BASIC*.

5.2.1 Simons' BASIC

Bei *Simons' BASIC* handelt es sich um die klassische und wohl bekannteste BASIC-Erweiterung für den C64. Hier sind Links zu weiterführenden Informationen:
https://www.c64-wiki.de/wiki/Simons'_BASIC
https://de.wikipedia.org/wiki/Simons'_Basic
https://en.wikipedia.org/wiki/Simons'_BASIC

5.2.2 TSB (Tuned Simons' BASIC)

Es gibt nichts, was nicht noch verbessert oder erweitert werden kann. So hat auch *Simons' BASIC* mit *TSB* eine Erweiterung erhalten, was an dieser Stelle nachzulesen ist:
https://www.godot64.de/TSB/

5.2.3 Vision BASIC

Im Wesentlichen erlaubt *Vision BASIC* die native Einbettung von Assembler und besitzt einen eingebauten Compiler. Voraussetzung für das 2022 veröffentlichte Programm sind 256K in Form einer REU (RAM Expansion Unit) oder eine SuperCPU mit erweitertem Speicher. 512K RAM sowie eine Turbo Chameleon 64, SuperCPU, 1541 Ultimate or Ultimate 64 für eine höhere Geschwindigkeit werden empfohlen. Der erstellte Code läuft aber auf jedem normalen C64 ohne Erweiterungen. Alternativ kann man Vision BASIC mit dem VICE-Emulator nutzen, welcher eine REU und SuperCPU emuliert. Der große Vorteil von Vision BASIC ist, dass man keine Hochsprache beherrschen muss. Grundkenntnisse in Old School BASIC reichen aus, wobei es hilft, wenn man sich mit den Registern des C64 einigermaßen auskennt.
Infos: https://visionbasic.net

5.2.4 XC=BASIC

XC=BASIC ist ein plattformübergreifendes BASIC, das ausführbaren Maschinencode aus dem Quellcode erzeugt, der weitgehend an QuickBASIC und CBM BASIC angelehnt ist. Eine der attraktiven Eigenschaften ist die relativ einfache Bedienung, die es erlaubt, Interrupts einzurichten, verlockenderweise sogar mit Timer-Interrupts, was sehr praktisch ist. Der Artikel *The Wild Wood Deconstructed* (https://kodiak64.com/blog/wild-wood-deconstructed) beschreibt, welche unglaublichen Möglichkeiten sich für die Spieleentwicklung bieten.
Infos: https://xc-basic.net

5.3 Andere Systeme mit BASIC

Zur frühen Blütezeit der sogenannten Home-Computer, also bevor der PC quasi zum alleinigen Herrscher der Computer-Welt wurde, führte kein Weg an BASIC vorbei. Man wurde so gut wie von jedem Home-Computer mit einem BASIC-Screen begrüßt. Viele dieser BASIC-Varianten kamen von Microsoft, andere wiederum wurden von den Computer-Herstellern selbst produziert bzw. in Auftrag gegeben. Auch Apple hatte ursprünglich ein eigenes BASIC, welches später durch eine Variante von Microsoft ersetzt wurde. Die Unterschiede der BASIC-Varianten sind vielfältig. Häufig beginnt es bereits bei unterschiedlich implementierten Datentypen und bei verfügbaren Befehlen und endet bei der Speicherung und Verarbeitung der Programme selbst.

Anstatt hier alle BASIC-Varianten aufzuzählen, verweise ich auf Seiten, die sich mit BASIC intensiv auseinandergesetzt haben und viele Informationen vereinen:
https://gotbasic.com/
https://everybasic.info/doku.php/basics

5.4 Optimierer, Compiler und Interpreter

BASIC-Optimierer verbessern die Effizienz und Ausführungsgeschwindigkeit von BASIC-Programmen, indem sie den Code analysieren und optimieren, ohne die Funktionalität zu ändern. BASIC-Compiler übersetzen BASIC-Code in Maschinensprache, was eine schnelle Ausführung ermöglicht, während Interpreter den BASIC-Code Zeile für Zeile direkt ausführen, was Flexibilität bietet, aber in der Regel langsamer ist.

5.4.1 Optimierer

Eine Art der Optimierung von BASIC-Code ist die Erweiterung der Zeilenlänge auf 250 Zeichen, wie im Abschnitt *Unechte Einzeiler* näher erklärt. Es gibt ein Programm, das diese Arbeit abnehmen kann: der *Basic Compactor/Uncompactor* (Link: https://csdb.dk/release/?id=129233). Alternativ steht der *Kompaktor 64* in Version 2 zur Verfügung (Link: https://csdb.dk/release/?id=184584).

Beide Tools können nicht nur Einzeiler, sondern auch mehrzeilige Programme anpassen. Um ein Programm kompakter zu machen, muss es als PRG-Datei auf dem gleichen D64-Image liegen wie das Compactor-Programm selbst.

Ein Weg zum Reduzieren von Zeichen ist die Nutzung einiger Tipps aus den Abschnitten 8 und 12, *Zeichen sparen* und *Speed*. Das Programm *Zeilenmampfer (German)* macht genau das (Link: https://csdb.dk/release/?id=163164). Unter anderem werden Nullen gegen den Punkt getauscht und Leerzeichen gelöscht. Insgesamt kann der Code kürzer und schneller werden.

Mehr Informationen gibt es online unter https://www.c64-wiki.de/wiki/BASIC-Kompaktor. Das Programm bietet sich vor allem bei mehrzeiligem BASIC-Code an, da es bei gut programmierten Einzeilern sehr wahrscheinlich keine Verbesserung finden kann.

5.4.2 Compiler

Compiler generieren aus reinen BASIC-Programmen ein in Maschinensprache umgeschriebenes ausführbares Programm. Die ersten Compiler, die es für den C64 gab, waren ausschließlich auf dem C64 ausführbar. Moderne Versionen (auch *Cross-Compiler* genannt) hingegen laufen in Java oder sind eigenständige Programme für Windows, Linux oder andere Systeme.

Einer der ungewöhnlichsten und zugleich besten Compiler seinerzeit war der *ASCOMPILER*, der im 64er Magazin 1/1986 als Listing des Monats vorgestellt wurde. Ungewöhnlich war er aus dem Grund, da das BASIC-Programm bestimmte Bedingungen erfüllen musste, unter anderem einen strukturierten getrenntzeiligen Aufbau.

MOSpeed (https://github.com/EgonOlsen71/basicv2) ist ein kostenloser, moderner Cross-Compiler für Commodore BASIC V2 mit vollständiger Integration in Arthur Jordisons *CBM prg Studio* (https://www.ajordison.co.uk). Es gibt sogar eine Java-basierte Version, die im Webbrowser läuft (https://jpct.de/mospeed).
Infos: https://www.thefreecountry.com/compilers/basic.shtml

5.4.3 Interpreter

Als Interpreter wird ein Computerprogramm bezeichnet, das eine Abfolge von Anweisungen anscheinend direkt ausführt, wobei das Format der Anweisungen vorgegeben ist. Der Interpreter liest dazu eine oder mehrere Quelldateien ein, analysiert diese und führt sie anschließend Anweisung für Anweisung aus, indem er den dafür vorgesehenen Programmcode (eventuell über Zwischenschritte schließlich als Maschinencode für das jeweilige Computersystem) direkt ausführt. Interpreter sind deutlich langsamer als Compiler, bieten im Allgemeinen jedoch eine bessere Fehleranalyse.

Interpreter werden sowohl bei Programmiersprachen als auch bei Computerprogrammen sowie als Kommandozeilen-Interpreter verwendet.

5.5 Nützliche Cross-Development-Tools für BASIC

Das Programm *petcat* ist Teil des beliebten C64-Emulators *Vice*. Mit diesem Kommandozeilen-Tool kann man unter anderem BASIC-Programme, die als ASCII-Text-Dateien vorliegen, in PRG-Dateien umwandeln und umgekehrt. Während die Text-Dateien ganz komfortabel auf einem aktuellen Computer mit einem beliebigen Texteditor bearbeitet werden können, kann man die PRG-Dateien selbst auf einem C64 (ob echt oder emuliert) laden und ausführen.

Um aus einer Text-Datei ein BASIC-Programm zu erzeugen, gibt man den Befehl `petcat -w2 -o out.prg source.bas` ein. Mit dem Befehl `petcat -2 -o out.bas prog.prg` erhält man für ein BASIC-Programm das dazu passende BASIC-Listing als Text-Datei.

5.6 Was in BASIC möglich ist

Schau dir einmal die Videos von *Commodore 64 programming* an. Dort werden zwar keine Einzeiler thematisiert, aber viele Beispiele zeigen, welch unglaublichen Effekte mit BASIC V2.0 möglich sind.

Commodore 64 programming:
https://www.youtube.com/@commodore64programming35/videos

BASIC-Demo *Band of Brothers*:
http://noname.c64.org/csdb/release/?id=17318

BASIC-Demo *Time Less*:
http://noname.c64.org/csdb/release/?id=38453

Eine Übersicht aller BASIC-Demos der Seite CSDB:
http://noname.c64.org/csdb/search/?seinsel=releases&search=basic&all=1

Außerdem wurden unter anderem die Spiele *Ghostbusters* und *Aztec Challenge* komplett in BASIC geschrieben:
https://csdb.dk/release/?id=198233
https://csdb.dk/release/?id=214702

5.7 BASIC PLUS/4 Emulator

Es gibt einen PLUS/4-Emulator, der auf einem C64 läuft. Damit kannst du BASIC-Code testen, ohne selbst einen PLUS/4 zu besitzen. Angeblich soll der Emulator höchst kompatibel sein, und ein paar Tests haben dies auch bestätigt. Er beruht auf dem BASIC 3.5 des PLUS/4 und ändert den BASIC-Speicherstart auf $1000, sodass PLUS/4-Basic-Programme ladbar sind. Die Datei ist als ROM-Modul in *Vice* ladbar.
Infos: http://basic45.serveftp.net/latest

Zeitmessung

6.1
Wie generiert der C64 seine Zeit?

Der Commodore 64 generiert seine Zeit- und Timing-Informationen durch einen speziellen Chip namens MOS Technology 6526 Complex Interface Adapter (CIA). Dieser Chip hat unter anderem einen eingebauten Timer, der Interrupts generieren kann, um regelmäßige Aufgaben zu koordinieren oder um Zeitintervalle zu messen. Indem er diesen Timer mit dem internen Systemtakt des C64 kombiniert, kann der Computer zeitbezogene Aufgaben, wie das Abfragen von Tastatureingaben, das Blinken des Cursors und das Verarbeiten von zeitkritischen Ereignissen, präzise steuern.

6.2
Wie kann man die Zeit auslesen und nutzen?

Die Timerfunktion des C64 arbeitet ähnlich wie in anderen Rechnern dieser Generation mit einer „echten“ Zeit, die auf Stunden, Minuten und Sekunden basiert. Sie ist durch die Funktionen `TIME (TI)` und `TIME$ (TI$)` abrufbar. `TI` stellt sechzigstel Sekunden dar (siehe nächster Abschnitt).

Hier ein Beispiel mit `TI$`:

```
0 TI$="000000": REM Timer Reset
100 PRINTTI$/60;"Sekunden"
```

6.3
Was sind Jiffys?

Ein Jiffy ist das Sechzigstel einer Sekunde, also 1/60. Jiffys werden gerne zur Zeitmessung verwendet, wenn es um zeitkritische Routinen geht. Daher werden alle Benchmarks in diesem Buch in Jiffys angegeben.

Einsteigertipps

7.1
Übung 1

Der Bildschirm soll komplett mit demselben Zeichen, aber jedes Mal mit einer anderen Farbe gefüllt werden.

Lösungsansätze und erste Version

Üblicherweise programmiere ich der Übersicht wegen zunächst in mehreren Zeilen. Zuerst die Variablen, die ich benötige:

`10 A=1024` (die Bildschirmadresse, denn POKEn geht meist schneller als PRINTen)
`10 A=1024:B=55296` (die Adresse für die Farbregister)
`10 A=1024:B=55296:C=1000` (Der Bildschirm hat 1000 Zeichen, also muss die Schleife 1000-mal durchlaufen.)
`10 A=1024:B=55296:C=1000:D=INT(RND(.)*16)` (Es gibt 16 verschiedene Farbwerte.)

```
20 FORI=1TOC:POKEA+I,42:POKEB+I,D:NEXT:POKE198,0:
WAIT198,1
```

Der letzte `POKE` und das `WAIT` bilden eine Schleife, die auf einen Tastendruck wartet.

Doch in beiden Zeilen gibt es jetzt schon Verbesserungsmöglichkeiten und einen Fehler auszubügeln. Schon entdeckt, welcher Fehler genau?

Der Bildschirmspeicher ist zwar 1000 Zeichen groß, doch wenn ich bei 1024 anfange zu poken, darf der zusätzliche Zähler I nicht 1 sein, denn dann wäre der Start bei 1025. Dasselbe gilt für die Adresse der Farbwerte. Daher wird die `1` gegen eine `0` bzw. den noch etwas schnelleren Punkt `.` getauscht. Das ist nicht viel, aber wenn man es sich gleich angewöhnt so zu coden, dann spart es Zeit im doppelten Sinne.

```
10 A=1024:B=55296:C=999:D=INT(RND(.)*16)
20 FORI=.TOC:POKEA+I,42:POKEB+I,D:NEXT:
   POKE198,.:WAIT198,1
```

7.1.1 Das Ausprobieren

Spätestens jetzt ist es an der Zeit, den Code zu testen:

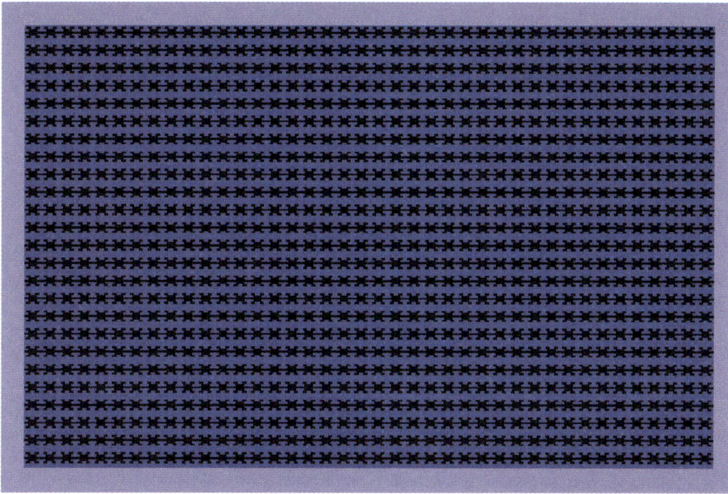

Es sieht erfolgreich aus. Aber wir sind noch nicht fertig. Jetzt muss noch ein Rücksprung zu Zeile 10 erfolgen, damit jedes Mal eine neue Farbe gesetzt wird und alles in einem Loop läuft. Gleichzeitig stelle ich fest, dass der Integer für die Zufallszahl nicht notwendig ist, und entferne daher diesen Teil des Codes.

```
10 A=1024:B=55296:C=999:D=RND(.)*16
20 FORI=.TOC:POKEA+I,42:POKEB+I,D:NEXT:GOTO10
```

Und wieder testen. Und wieder erfolgreich.

7.1.2 Das Optimieren

Jetzt versuchen wir, alles in eine Zeile zu bekommen. Dazu werden auch die Befehle abgekürzt und weitestgehend alle Tricks angewendet, die ich so kenne. Ich gehe dazu immer folgendermaßen vor:

- Bildschirm löschen
- LIST
- Jetzt schreibe ich den Code der ersten Zeile vor die zweite Zeile und kürze alle Befehle.
- LIST

Nun kann ich prüfen, ob ich alle Befehle korrekt abgekürzt habe, denn es gibt immer mal Unaufmerksamkeiten oder ähnliches, was zum Beispiel bei LEFT$ oder INPUT gern schiefläuft, denn L+SHIFT-E ergibt LET und I+SHIFT-N ergibt INPUT#.

Erst wenn die neue Zeile richtig aussieht, lösche ich die erste Zeile.

```
0A=4↑5:B=55296:C=999:D=R/(.)*16:F┌I=.TOC
:P┌A+I,42:P┌B+I,D:N─:G┌
READY.

L↖

0 A=4↑5:B=55296:C=999:D=RND(.)*16:FORI=.
TOC:POKEA+I,42:POKEB+I,D:NEXT:GOTO
10 A=1024:B=55296:C=999:D=RND(.)*16:FORI
=.TOC:POKEA+I,42:POKEB+I,D:NEXT:GOTO10
```

Der Code sieht gut aus. Jetzt erstmal speichern!

```
SAVE"STARS",8
```

7.1.3
Mehr Features?

Jetzt weiß ich, dass ich noch einige Zeichen Platz habe, um zusätzlich etwas einzubauen. Eine Idee? Wie wäre es mit der Änderung der Rahmen- und Hintergrundfarben?

Doch hier stoßen wir auf ein Problem, denn selbst wenn ich 53280 als Variable definiere und dann zweimal POKE (D=53280:pOD,1:pOD+1,1), was 21 Zeichen sind, fehlen mir mit den direkten POKEs (pO53280,1:pOo53281,1) (= 19 Zeichen) drei weitere Zeichen, um alles in eine Zeile zu bekommen.

Bis hierhin sieht es so aus:

```
0A=4↑5:B=55296:C=999:P┌53280,1:P┌53281D=
R/(.)*16:F┌I=.TOC:P┌A+I,42:P┌B+I,D:N─:G┌
```

Hinter 53281 fehlt noch ",1:".
Die Lösung ist hier recht einfach. C=999: verschwindet, und das C des ersten FOR TO wird mit 999 ersetzt.

```
0A=4↑5:B=55296:P┌53280,1:P┌53281,1:D=R/(
.)*16:F┌I=.TO999:P┌A+I,42:P┌B+I,D:N─:G┌
```

```
SAVE"STARS1",8
```

Ein erneuter Test zeigt das Ergebnis (mit einem weißen Rahmen):

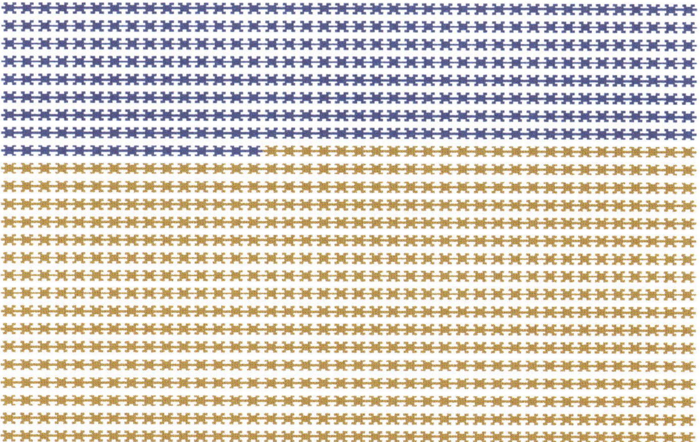

Wenn jetzt noch die Farbwerte des Rahmens und Hintergrunds mit einem Zufallswert gesetzt werden, indem die 1 gegen den Wert D ausgetauscht wird, dann gibt es einen zusätzlichen Effekt, ohne ein weiteres Zeichen zu benötigen.

Jetzt wird es Zeit für eigene Experimente. Viel Spaß dabei! Ich hoffe, dass dir viele der nachfolgenden Tipps und Tricks in diesem Buch dabei helfen werden.

7.1.4 Mehr Features!

Wir sind immer noch nicht am Ende angekommen, denn es gibt noch Platz. Erstens befindet sich noch ein Zeichen ganz am Ende der Zeile. Zweitens kann der vorherige Trick mit Variable B angewendet werden, sodass sechs weitere Zeichen frei werden.

```
0?"♥":A=4↑5:P┌53280,D:P┌53281,D:D=R/(.)*
16:F┌I=.T0999:P┌A+I,42:P┌55296I,D:N─:G┌
```

Ich sehe hierfür zwei Möglichkeiten:

1. Damit es schöner aussieht, soll direkt nach dem Programmstart der Bildschirm gelöscht werden. Das lässt sich mit genau fünf Zeichen realisieren. `PRINT"SHIFT-HOME":`, also abgekürzt `?"♥":` – und das passt ganz genau an den Anfang der Zeile.

```
0A=4↑5:P┌53280,D:P┌53281,D:D=R/(.)*16:F┌
I=.T0999:P┌A+I,42:P┌55296I,D:N─:G┌
```

2. Die zweite Möglichkeit würde ich bevorzugen: Der Farbwert des Rahmens und des Hintergrunds soll (meistens) unterschiedlich sein. Dazu ändern wir einen Wert um eine Kleinigkeit, indem wie den Zufallswert D mit 0,9 multiplizieren. Dies funktioniert aufgrund der Rundungen und weil das C64 BASIC auch korrekt poket, wenn keine Ganzzahl verwendet wird. Der neue Code und das Ergebnis (unten) sehen dann so aus:

```
0A=4↑5:P┌53280,D:P┌53281,D*.9:D=R/(.)*16
:F┌I=.T0999:P┌A+I,42:P┌55296+I,D:N─:G┌
```

Speichern des Einzeilers nicht vergessen:

```
SAVE"STARS2",8
```

7.2 Übung 2

Diese Übung richtet sich schon an Fortgeschrittene.

```
10 PRINTCHR$(147):POKE53280,6:POKE53281,0:
   FOR L=1024TO2023:POKEL,219:NEXTL
20 FORL=0TO7:WAIT53265,128:POKE53265,(PEEK
   (53265)AND240)OR7-L:POKE53270,L:
NEXT:GOTO20
```

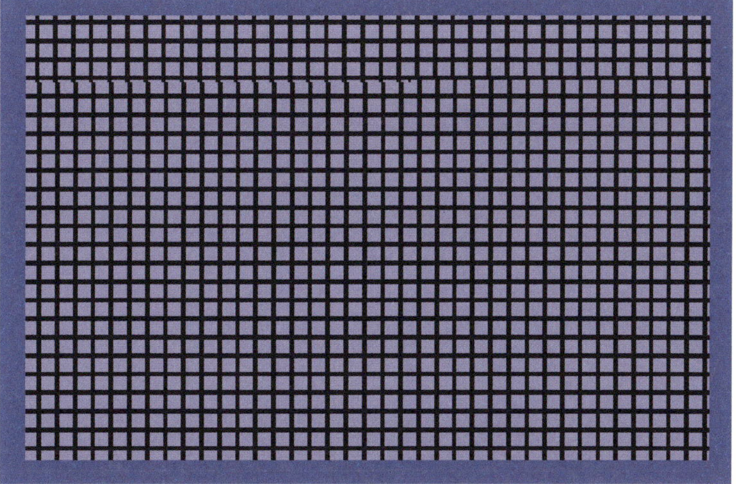

Das Listing aus dieser Übung gibt es auch von *madcommodore* aus dem Video *Hardware Pixel Scroll In Commodore BASIC* (https://www.youtube.com/watch?v=CULZBUx-h4c). Mir ist leider nicht bekannt, wer der ursprüngliche Programmierer dieses Codes ist.

Jedenfalls habe ich sofort mit der Analyse und Kürzung des Codes begonnen und versucht, ihn in eine Zeile zu packen.

Da in der ersten Zeile zuerst die Farben gesetzt werden, habe ich diese zunächst weggelassen, um mich auf den Code zu konzentrieren. Dabei fiel mir in Zeile `20` der `WAIT` auf, der auf den Rasterzeileninterrupt wartet (siehe Kapitel *POKEs, PEEKS, SYSs & WAITs*). Diesen haben ich zunächst entfernt, da er eher eine Schönheitskorrektur darstellt. Außerdem habe ich einen anderen Character genommen (`123` anstatt `219`) und die Hintergrundfarbe auf Weiß gewechselt.

```
10 FOR L=1024TO2023:POKEL,123:NEXTL
20 FORL=0TO7:POKE53265,(PEEK(53265)AND24
0)OR7-L:POKE53270,L:NEXT:GOTO
```

Daraus wurde mit Abkürzungen und ein paar Tricks Folgendes:

```
0F┌L=4↑5TO2023:P┌L,123:N─:F┌L=.TO7:P┌532
65,(P─(53265)A╱240)OR7-L:P┌53270,L:N─:G┌
```

So funktioniert es mit genau 80 Zeichen. Prinzipiell sieht es gut aus, hat aber den entscheidenden Fehler, dass die Schleife am Anfang jedes Mal erst die 1000 Zeichen wieder ausgibt, bevor die Scrollfunktion zuschlägt. Eine Lösung ist gefragt, welche die Schleife nur einmal laufen lässt.

Ich hätte drei Ideen dazu: **Erstens:** Eine Lösung mit `ON GOTO`. Eine `IF`-Abfrage scheidet ja aus, da diese immer eine weitere Zeile bedingt. **Zweitens:** Eine Zählvariable, die dafür sorgt, dass die Zeichenausgabe nur einmal erfolgt. **Drittens:** Die Schleife rutscht nach hinten und bringt den wiederholenden Scrollcode nach vorne. Jetzt bist du dran, es umzusetzen!

7.3 Übung 3

Diese Übung ist für Experten gedacht. Dennoch sollte sich jeder einmal daran versuchen. Hier verweise ich auf den Erklärungstext von *Atomcode*, der den *Blue Cross BASIC Contest* gewonnen hat – mehr Infos auf Seite 122 im Abschnitt 14.8.

Ziel war es, das Muster im Bild mit so wenigen Bytes wie möglich zu generieren. Probiere es selbst mal aus, und schau dir erst dann die Lösungen der Teilnehmer an.

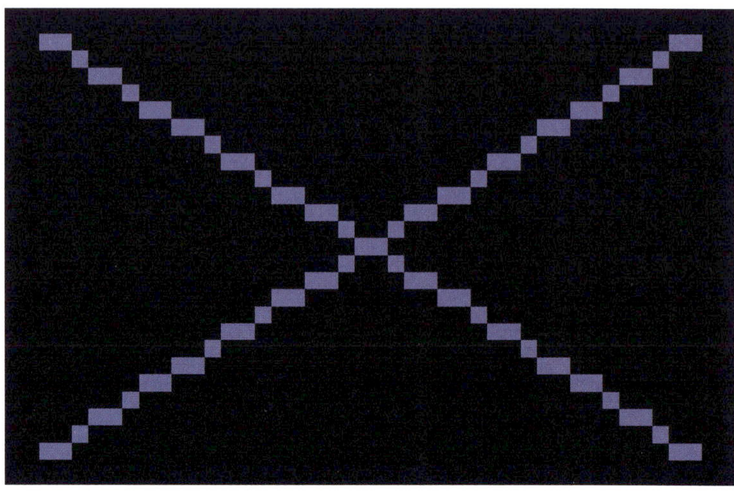

7.4 Wie man Code verdichtet: Alle Fehlermeldungen

Die Idee zu diesem Programm kam mir durch ein meiner Meinung nach schon recht kompakt geschriebenes Programm von *fieser-Wolf* der Gruppe *Abyss Connection*, der mit seinem Programm den zweiten Platz des *EXAC-Meetings 2021* belegt hatte.

```
1 PRINT"♥EEXAC2022◥":FORA=41118TO41767:PRINTCHR$
(PEEK(A)AND127)+CHR$((PEEK(A)AND128)*.102);:NEXT
```

beziehungsweise

```
1?"♥EEXAC2022◥":fOA=41118TO41767:?cH(pE(A)A╱127)+
cH((pE(A)A╱128)*.102);:nE
```

= 74 Zeichen

Hier sind alle Einzeiler des Wettbewerbs zu finden: https://csdb.dk/release/?id=187192.

Meinen Beitrag, der immerhin einen erstaunlichen dritten Platz belegt hat, habe ich zusammen mit *Hamster* von *TRSI* programmiert. Ich dachte nun, dies ist eine gute Fingerübung, um mich nach gut 30-jähriger Abstinenz vom Programmieren sowohl wieder in BASIC als auch in ROM-Routinen des C64 einzufinden. Wolfs Programm listet alle Befehle und Fehlermeldungen des C64 auf, und das mit einem Einzeiler. Meine Version verfolgt folgenden Ansatz:

```
0 I=I+1:ON-(I>384)GOTO:A=PEEK(41373+I):PRINTCHR$(A);:
ON-(A<193)GOTO:PRINT"|";CHR$(A-128):GOTO
```

beziehungsweise mit gekürzter Schreibweise 77 Zeichen:

```
0I=I+1:ON-(I>384)gO:A=pE(41373+I):?cH(A);:ON-(A<193)
gO:?"{left}";cH(A-128):gO
```

Anschließend bat ich *Logiker*, einen Blick darauf zu werfen. Ich hatte die Hoffnung, dass er auf Anhieb eine kompaktere Version finden könnte, von der ich überzeugt war, dass es sie geben muss. Hier ist seine Herangehensweise.

Logiker: Bevor ich versuche, das Programm zu kürzen, möchte ich es ganz kurz beschreiben. Das Programm liest im Speicher des C64 die Daten von 41374 (0xA19E) bis 41757 (0xA31D). In diesem Bereich findet man die BASIC-Fehlermeldungen als Text gespeichert.

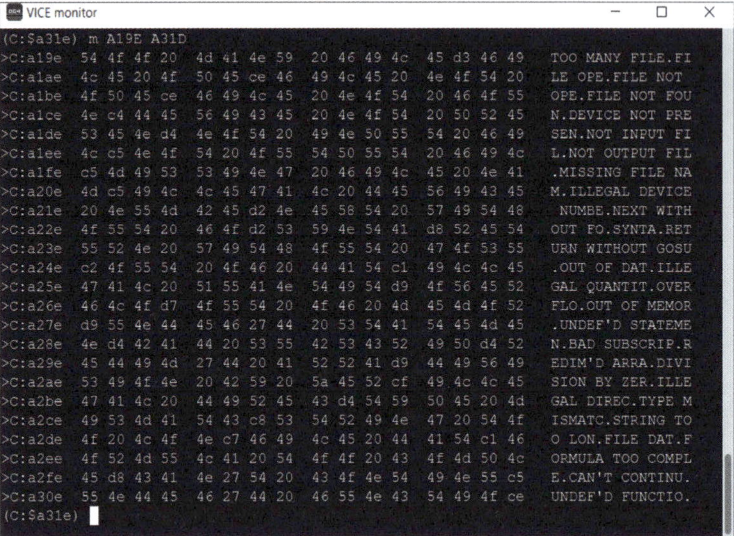

Um Platz zu sparen, wurden die einzelnen Fehlermeldungen weder durch Sonderzeichen getrennt noch mit einem eigenen Zähler versehen. Stattdessen wurde das letzte Zeichen jeder Fehlermeldung sozusagen „markiert", indem bei diesem das hochwertigste Bit gesetzt wird. Anders ausgedrückt: Es wird zum ASCII-Code 128 hinzugezählt.

Das Programm selbst geht nun wie folgt vor: Mit Hilfe der I-Variable als Zähler und mit dem Befehl `ON GOTO` wird eine Art Schleife aufgebaut, mit der der Speicher mithilfe von `PEEK` betrachtet wird. Das Zeichen wird sofort ausgegeben. Ist das Zeichen größer oder gleich 193, so geht man eine Stelle nach links und gibt das korrigierte Zeichen aus. Gleichzeitig wechselt man in die nächste Zeile, da für die Ausgabe ein `PRINT`-Befehl ohne Semikolon verwendet wird.

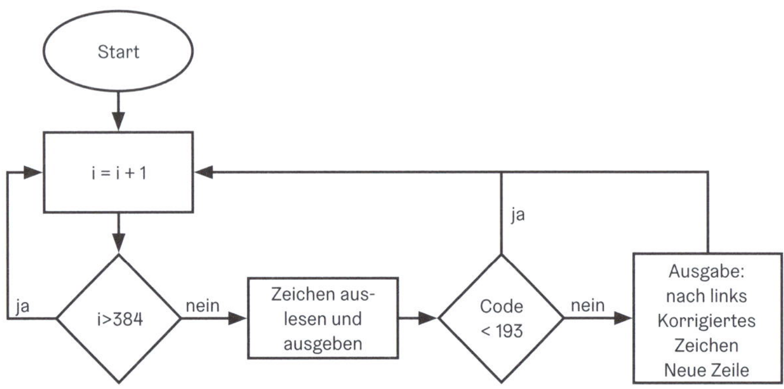

Beim Kürzen des Programms bin ich Schritt für Schritt vorgegangen. Mein erstes Zwischenziel war es, die Ausgabe der beiden Zeichen, die mit der CHR$-Funktion ausgegeben wurden, zu vereinfachen und gleichzeitig auf das ON GOTO zu verzichten. Um das zu erreichen, sollte das erste Zeichen auf jeden Fall korrekt ausgegeben werden, da man dadurch vermeiden kann, zu löschen beziehungsweise nach links zu gehen. Danach soll ein Enter bzw. nichts ausgegeben werden. Dies wurde mit folgender Code-Zeile erreicht:

```
0I=I+1:ON-(I>384)gO:a=pE(41373+i):?cH(A+128
*(A>192))cH(-13*(A>192));:gO
```

Länge: 71

Siehe da: Diese Version ist um ein Zeichen kürzer, allerdings benötigt sie im Speicher sogar ein Byte mehr. Das erste CHR$-Statement enthält direkt die Bedingung A>192, um zu überprüfen, ob 128 abgezogen werden muss. Trifft dies zu, so wird 128 mit -1 multipliert und folglich 128 von A abgezogen. Auf diese Art wird der Wert des letzten (markierten) Buchstabens richtiggestellt. Dieselbe Bedingung ist ebenso im zweiten CHR$-Statement zu finden. Hier wird sie allerdings dazu verwendet, um im positiven Fall das Zeichen Nummer 13 auszugeben. Dies entspricht einer neuen Zeile (new line). Ansonsten wird das Zeichen 0 ausgegeben, welches einem leeren Text entspricht. In diesem Fall wird also nichts ausgegeben.

```
0I=I+1:ON-(I>384)gO:A=pE(41373+I):B=A>192:?cH(A
+128*B)cH(-13*B);:gO
```

Länge: 67

An der eben angesprochenen Bedingung kann angeknüpft werden. Diese kommt zweimal vor und benötigt jeweils sieben Zeichen (A>192), insgesamt 14 Zeichen. Wird diese Bedingung in einer Variable gespeichert, so benötigt das Speichern nur acht Zeichen (B=A>192:), da auf die Verwendung von Klammern verzichtet werden kann. Das Ergebnis der Bindung kann danach mit nur einem Zeichen aufgerufen werden. Acht Zeichen für das Speicher plus jeweils ein Byte für zwei Aufrufe ergeben in Summe zehn Zeichen. Durch dieses Herausheben spart man sich weitere vier Zeichen.

```
0I=I+1:ON-(I>384)gO:A=pE(41373+I):B=A>192:?cH
(A+128*B)cH(12-B);:gO
```

Länge: 66

Ein weiteres Byte kann man sparen, wenn man für Enter von der Zahl 12 ausgeht. 12 minus -1 ergibt nämlich 13, welches wiederum Enter entspricht. Der PETSCII-Code 12 ist glücklicherweise ebenso wie der Code 0 ein nicht druckbares Zeichen.

Der Ausdruck A+128*B entspricht aaN127. Das Ziel war es ja, 128 von A abzuziehen, wenn A zu groß ist. Genau diesen Zweck erledigt der neue Ausdruck. Die Variante mit AND ist um ein Zeichen und sogar zwei Bytes kürzer.

Nun wird die Bedingung nur noch einmal benötigt. Folglich kann diese wieder direkt in die zweite CHR$-Funktion eingebaut werden. Dies erspart zwei Zeichen / Bytes.

```
0I=I+1:ON-(I>384)gO:A=pE(41373+I):?cH(AaN127)
cH(12-(A>192));:gO
```

Länge: 63

Rund um die Bedingung sind Klammern notwendig, da ansonsten zuerst die Minus-Operation ausgeführt würde. Wenn man die logische Operation durch eine mathematische Operation höherer Ordnung ersetzt, könnte man sich die Klammern ersparen und zwei weitere Zeichen gewinnen. Eine Division durch 128 verhält sich ähnlich wie der zuvor verwendete Vergleich. Auch diese Operation liefert 1 zurück, wenn der Wert über 128 (oder auch 192) liegt. Die Nachkommastellen werden von der CHR$-Funktion glücklicherweise ignoriert. Da nun +1 und nicht -1 zurückgeliefert wird, muss auch die Rechenoperation von minus durch plus ersetzt werden.

```
0I=I+1:ON-(I>384)gO:A=pE(41373+I):?cH(AaN127)
cH(12+A/128);:gO
```

Länge: 61

Wenn man die Zahl 128 durch 91 austauscht, funktioniert der Code auch weiterhin. Allerdings liefert die Division nun den Wert 2, da alle hohen PETSCII-Codes in einem Bereich über 192 liegen. Eine kleine Anpassung bei den Argumenten behebt dies.

```
0I=I+1:ON-(I>384)gO:A=pE(41373+I):?cH(AaN127)
cH(11+A/91);:gO
```

Länge: 60

Auch 11 ist ein nicht druckbares PETSCII-Zeichen. Ein weiterer, sehr großer Sprung wird erreicht, indem die manuelle Schleife, die ein ON GOTO verwendet, durch ein FOR ersetzt wird.

```
0fOI=41373to41757:A=pE(I):?cH(AaN127)
cH(11+A/91);:nE
```

Länge: 52

Ein letztes Byte sparen wir ein, indem wir den PEEK-Befehl nicht in einer Variable zwischenspeichern, sondern ihn 2-mal direkt verwenden. Zeichen werden dabei allerdings keine gespart.

```
0fOI=41373to41757:?cH(pE(I)aN127)
cH(11+pE(I)/91);:nE
```

Länge: 52

In Summe ist das Programm von 72 Zeichen auf 52 Zeichen geschmolzen.

Danke, Logiker, für diesen Beitrag und für den enormen Lerneffekt, den er sicher nicht nur für mich mit sich gebracht hat!

7.5 Teste deine Alternativen

Wenn du nicht weißt, welcher Weg schneller ist, kannst du das besser entscheiden, indem du immer wieder Tests durchführst, welche dieselbe Operation 100- oder 1000-mal ausführt und dann ausgibt, wie lange sie gedauert hat.

```
1 T=TI:A=.:B=3:FORI=1TO1000
10 [Das Programm bzw. ein Programmteil]
100 NEXT:PRINTTI-T
```

Dies gibt die Anzahl der Jiffies aus, nachdem ein Programm 1000-mal ausgeführt wurde.

Zeichen sparen

Weil auch Einsteiger dieses Buch lesen werden, gilt auch hier, dass alles zusammengetragen wurde, was Zeichen einspart – von den allereinfachsten und offensichtlichen Möglichkeiten bis zu komplexen Wegen, sodass Anfänger wie auch Fortgeschrittene einen Nutzen davon haben werden.

INFO: Tipps-Aufteilung

Manche Tipps passen in dieses Kapitel, aber auch zu den *Tipps & Tricks* oder zum Abschnitt *Speed*. Wir haben die Tipps so themengerecht wie möglich eingeordnet und hoffen, dass Überschneidungen oder die Platzierung mancher Inhalte in einem anderen Kapitel für dich kein Störfaktor sind.

8.1 LET A

LET wurde unter anderem als *Befehl* eingeführt, um ein Listing übersichtlich zu machen und auch um die Kompatibilität zu anderen BASIC-Dialekten zu gewährleisten. Es kann im Commodore BASIC ersatzlos gestrichen werden.

```
10 FORI=0TO100:LETA=A+1:NEXT
```

So lässt sich die Variablenzuweisung etwas besser lesen als mit:

```
10 FORI=0TO100:A=A+1:NEXT
```

Die Zeitersparnis mag gering erscheinen, doch in diesem Fall zählt jedes bisschen, da sich die Vorteile über die Zeit aufsummieren.

```
10 FORB=1TO1000:LETA=1:NEXT
```

= 23 Zeichen (19 gekürzt) [Benchmark = 173]

```
10 FORB=1TO1000:A=1:NEXT
```

= 18 Zeichen (15 gekürzt) [Benchmark = 170]

8.2 Leerzeichen

Nach meinen Tests hat sich ergeben, dass je rund 10 Leerzeichen, jeweils pro Abarbeitung einer Zeile, 1 Jiffy eingespart wird.

```
1 T=TI
10 FORI=1TO1000:A=A+I:NEXT
11 PRINTTI-T
RUN
 222

1 T=TI
10 FORI=1TO1000:  A = A + I  :NEXT
11 PRINTTI-T
RUN
 230

READY.
1 T=TI
10   FOR I = 1 TO 1000 : A = A + I : NEXT
11 PRINTTI-T
RUN
 232
```

TIPP: Leerzeichen aufspüren

Es gibt eine einfache Methode zu überprüfen, ob man ein Leerzeichen übersehen hat. Mit dem `POKE129,58` wird ein Modus eingeschaltet, in dem jedes Mal eine SYNTAX-Fehlermeldung ausgegeben wird, sobald im Code ein Leerzeichen gefunden wurde. Mit `POKE129,32` wird der Modus wieder ausgeschaltet.

8.3 AA=0:NAME$=""

Eine weitere einfache Methode zum Einsparen von Zeichen ist die Nutzung von einstelligen Variablen- und Stringnamen. Obwohl es der Übersichtlichkeit dient, Variablen oder Strings zum Beispiel `HIGHSCO` oder nur `HI` zu nennen, ist dies nicht zu empfehlen. Denn so müsste der Interpreter 7 bzw. 2 Zeichen parsen, bevor er den Wert nutzen kann.

```
10 FORI=1TO100:A=HIGHSCO+1000:NEXT
```

= 31 Zeichen [Benchmark = 44]

```
10 FORI=1TO100:A=H+1000:NEXT
```

= 24 Zeichen [Benchmark = 42]

8.4
A=0:A$=""

Da alle Variablen nach einem Neustart immer den Wert 0 haben und alle Strings leer sind, kann man die Initialisierung zur Zeichenersparnis weglassen. Es ergibt nur Sinn, wenn die Variable oder der String immer wieder auf 0 gesetzt werden bzw. leer sein muss – oder aus Geschwindigkeitsgründen, da die Variable, wenn einmal initialisiert, so schneller zur Verfügung steht, als wenn sie mitten im Programm erst als nicht vorhanden erkannt und dann erst angelegt wird.

```
9 A=0:B=0:C=0
10 FORI=1TO100:D=A+B+C:NEXT
```

Benchmark = 30 (ohne Zeile 9 = 29)

8.5
GOTO 0

Wenn GOTO ohne Zeilennummer geschrieben wird, erfolgt der Sprung immer automatisch nach Zeile 0. Das lässt sich für Einzeiler hervorragend ausnutzen.

```
10 A=A+1:PRINT"HELLO WORLD":IFA<100GOTO10
```

= 38 Zeichen (32 gekürzt) [Benchmark = 288]

Folgendes ist kürzer und damit auch etwas schneller als die obere Variante:

```
0 A=A+1:PRINT"HELLO WORLD":IFA<100GOTO
```

= 34 Zeichen (30 gekürzt) [Benchmark = 285]

8.6
A=2.0

Bei der Festlegung einer Variable kann die .0 weggelassen werden. Beispielsweise sind bei A=2.0 oder auch bei B=-2.0 die .0 nicht notwendig. In diesem Fall reicht A=2 bzw. B=-2.

```
A=A+2.0
```

Benchmark = 44

Ohne .0 ist es 2 Zeichen kürzer und schneller:

```
A=A+2
```

Benchmark = 26

8.7
0.05 = .05

Die führende 0 kann bei Zahlen wie etwa 0.05 weggelassen werden, sodass .05 ausreicht und 1 Zeichen eingespart wird.

```
10 FORI=1TO100:A=A+0.05:NEXT:PRINTA
```

Benchmark = 65, mit .05 nur noch 61

8.8 A% VS. INT(A)

Das Prozentzeichen hinter einer Variablen sorgt dafür, dass der Inhalt als Integer behandelt wird. Aus `A%=5.5` würde so `A=5` werden. Wenn es um Platzersparnis geht, kann eine Integervariable, wie der Name sagt, im Vorteil sein, da die zusätzliche Errechnung des Integers wegfällt. Allerdings wird der freie Speicherplatz, also das RAM, dadurch schnell kleiner. Dazu zwei Beispiele:

```
A=1:B=B+INT(A/3)
```
= 15 Zeichen [Benchmark = 53]
```
A%=1:B=B+A%/3
```
= 12 Zeichen [Benchmark = 37]

Der Vorteil ist außerdem, dass der Code 3 Zeichen kürzer und etwas schneller ist.

```
A=INT(I*π)
```
= 10 Zeichen [Benchmark = 40]
```
A%=I*π
```
= 6 Zeichen [Benchmark = 35]

TIPP: Integervariablen als INT-Ersatz
Integervariablen können nicht immer als INT-Ersatz verwendet werden. Um sicherzugehen, dass sie verwendet werden können, solltest du den Code immer auf Korrektheit überprüfen.

8.9 INT(XAND1)

Da jede boolesche Operation (AND, OR, NOT) immer ein ganzzahliges Ergebnis liefert, kann man im Allgemeinen auf die Verwendung der INT-Funktion verzichten.

```
A=INT(X/5AND1)
```
= 14 Zeichen (13 gekürzt) [Benchmark = 43]

Ohne INT und Klammern lassen sich 2 weitere Zeichen einsparen:

```
A=X/5AND1
```
= 9 Zeichen (8 gekürzt) [Benchmark = 38]

INFO: Befehle mit Integer
Die folgenden Befehle arbeiten automatisch mit einem Integer, sodass Kommazahlen als Integer behandelt werden: CHR$, LEFT$, MID$, RIGHT$, DIM, PEEK, POKE, SGN, TAB, POS. Auch hier kann also die Verwendung von INT weggelassen werden.

```
10 PRINTINT(TAB(X))
```
funktioniert demnach auch ohne INT:
```
10 PRINTTAB(X)
```

8.10
INT(X.X*Y)

Ist dies ein weiterer Grund, auf INT zu verzichten? Die klare Antwort lautet jein.

```
PRINT8.4*100/2
```
Ergebnis = 420
```
PRINTINT(8.4*100/2)
```
Ergebnis = 419

Da der Computer alle Berechnungen zur Basis 2 durchführt, erfordert die dezimale Eingabe und Ausgabe mehrere Umrechnungen zwischen den Basen. Da viele Umrechnungen eine Auf- oder Abrundung beinhalten, ist die Antwort manchmal nicht so, wie man es sich vorgestellt hat.

8.11
DATA 1

Bei DATA kann eine alleinstehende 0 immer weggelassen und stattdessen durch ein zusätzliches Komma ersetzt werden.

```
DATA0,1,0,2,0,3,0,4,0,5
```
= 23 Zeichen
```
DATA,1,,2,,3,,4,,5
```
= 18 Zeichen

Das gilt auch für eine 0 am Ende eines DATA. So würde DATA 1,2,3 zum Beispiel DATA 1,2,3,0 entsprechen.

8.12
DATA 2

Strings können in DATA auch ohne Anführungszeichen geschrieben werden, solange der String nicht mit einem Leerzeichen beginnt, kein Komma, keinen Doppelpunkt oder nur ein einzelnes Anführungszeichen enthält.

```
DATA"HELLO","WORLD",42
```
geht auch als:
```
DATAHELLO,WORLD,42
```

INFO: Geshiftete Zeichen
In Strings dürfen geshiftete Zeichen nur in Anführungszeichen verwendet werden, da sie ansonsten als Token behandelt und übergangen werden würden.

8.13
DATA 3

Manchmal lassen sich einige Zeichen einsparen, indem man eine Werteverschiebung vornimmt. Sollen zum Beispiel ASCII-Werte hintereinander ausgegeben oder gepoket werden, so können, wie im folgenden Beispiel mit einem gemeinsamen Grundwert gezeigt, alle anderen Werte verschoben und damit kleiner und mit weniger Zeichen gespeichert werden.

```
10 DATA123,145,142,157,158,164
```
= 31 Zeichen (29 gekürzt)
```
11 FORI=1TO7:READA:POKE1023+I,A:NEXT
```

Und hier mit einem Grundwert:
```
10 A=123:DATA,22,19,34,35,41
```
= 25 Zeichen (23 gekürzt)
```
11 FORI=1TO7:READB:POKE1023+I,A+B:NEXT
```
= nur 2 Zeichen länger als oben

8.14
DATA X,Y,Z

Ähnlich wie im oberen Abschnitt gibt es eine weitere einfache Methode, auf DATA mit weniger Zeichen zuzugreifen, indem bei der READ-Variable gleich ein Grundwert mitgegeben wird.

```
0 DATA11,12,13,14,10:READR:?R:ON-(R>10)
GOTO:?"ENDE"
```
= 49 Zeichen

Dies kann gekürzt werden und spart gleich in zweierlei Hinsicht Zeichen:

```
0 DATA4,5,6,7,3:READR:?R+7:ONR/4GOTO:?"ENDE"
```
= 42 Zeichen

Anstelle eines Vergleichs mit der letzten Zahl wird eine Division mit einer Zahl vorgenommen, die größer als die letzte Zahl in der Zahlenreihe sein muss. Wichtig dabei ist, dass bei der Division der übrigen Zahlen das Ergebnis niemals den Wert 2 erreichen oder überschreiten darf. Der Grund dafür ist, dass ein Ergebnis, welches nicht 1 oder 0 ist, zu einem ON-GOTO-Sprungbefehl führen würde, der nicht ausgeführt werden kann. Dieser Ansatz funktioniert also nur, wenn es möglich ist, die Zahlenreihe entsprechend zu modifizieren, und wenn die letzte Zahl die niedrigste ist. Durch das Umsortieren der Zahlen könnte dieses Ziel erreicht werden.

8.15 Klammern

Häufig ist es möglich, Klammern wegzulassen, wie in den beiden folgenden Beispielen gut zu sehen ist:

```
POKE53265,(PEEK(53265)AND240)OR7
```
funktioniert auch als
```
POKE53265,PEEK(53265)AND240OR7
```

```
PRINT5=5
```
funktioniert genauso wie
```
PRINT(5=5)
```

Deshalb lohnt es sich regelmäßig zu überprüfen, ob es auch ohne Klammern funktioniert, denn das kann zwei Zeichen einsparen.

8.16 (NOTA)ANDB

Da `NOT` Vorrang vor `AND` und auch vor `OR` hat, können auch hier die Klammern weggelassen werden, was wieder 2 Zeichen spart und den Vorgang beschleunigt.

```
(NOTA)ANDB
```
= 10 Zeichen (8 gekürzt) [Benchmark: 37]
ist identisch mit
```
NOTAANDB
```
= 8 Zeichen (6 gekürzt) [Benchmark: 35]

8.17 BOOLE vs. IF

Es gibt viele Wege, mit einer etwas anderen booleschen Logik Zeichen zu sparen und eine `IF`-Abfrage dadurch zu ersetzen.

```
IFX<100THENY=Y+1
```
= 16 Zeichen (14 gekürzt) [Benchmark = 65]
Kürzer und schneller ist:
```
Y=Y-(X<101)
```
= 11 Zeichen [Benchmark = 54]

Außerdem wird so die `IF`-Abfrage gespart, und du hast andere Möglichkeiten, die Zeile weiter zu nutzen.

8.18 A=(X)AND(Y)

In booleschen Operationen können oft Klammern weggelassen werden, da hier keine Werte berechnet, sondern Bedingungen verglichen werden.

```
A=((X>1)AND(Y<1))
```

= 17 Zeichen (16 gekürzt) [Benchmark = 67]
Das geht kürzer mit:

```
A=(X>1ANDY<1)
```

= 13 Zeichen (12 gekürzt) [Benchmark = 63]

8.19
PRINT;CHR$(X);MID$(.)

Hinter PRINT kann meist das Semikolon weggelassen werden, ebenso nach einem CHR$ und auch nach allen Strings wie etwa MID$.

```
PRINTA$;B$;C%;D%;"E"
```

= 20 Zeichen (16 gekürzt)
funktioniert genauso mit:

```
PRINTA$B$C%D%"E"
```

= 16 Zeichen (12 gekürzt)

Es muss darauf geachtet werden, dass zum Beispiel Variablen eindeutig getrennt werden, wie etwa PRINTA;B, da ansonsten die Variable AB verwendet werden würde.

8.20
PRINT"TEXT

Tatsächlich lassen sich die abschließenden Anführungszeichen einsparen, wenn ein PRINT am Zeilenende steht. Jedes vorherige PRINT"INHALT" muss jedoch mit einem Anführungszeichen geschlossen werden.

```
10 PRINT"HELLO WORLD":PRINT"ENDE
```

Es wird HELLO WORLD and dann das Wort ENDE ohne Fehlermeldung ausgegeben.

8.21
A$="

Ähnlich wie bei PRINT" kann auch bei der Zuweisung eines Strings das zweite Anführungszeichen weggelassen werden, wenn es am Ende einer Zeile steht.

Beispiel:

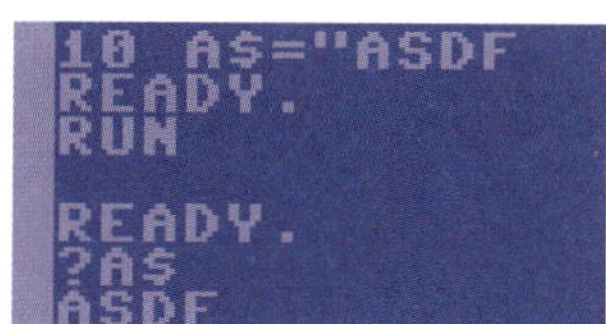

8.22 Strings

Wird ein String nur ein einziges Mal benutzt, dann lohnt es sich den String direkt zu verwenden, ohne ihn vorab zu definieren.

```
10 A$="0123456789":FORI=1TO100:
PRINTMID$(A$,I,1);:NEXT
```

= 51 Zeichen

Direkt verwendet:

```
10 FORI=1TO100:PRINTMID$
("0123456789",I,1);:NEXT
```

= 45 Zeichen
Der Benchmark ist identisch (= 39).

8.23 IF A$<>""

Wenn ein String darauf geprüft werden soll, ob er leer ist, so reicht es völlig aus, ihn darauf zu testen, ob er größer ist als nichts, denn kleiner kann er ja nicht sein.

Daher reicht `IFA$>""`. Es spart ein Zeichen und macht die Abfrage schneller.

8.24 FORA=1TO100

In bestimmten Fällen lässt sich ein Zeichen einsparen, wenn du beispielsweise `0TO99` anstelle von `1TO100` verwendest oder `0TO9` statt `1TO10` wählst.

8.25 FOR TO NEXT STEP-

Manchmal wird ein `STEP-` benötigt, um rückwärts zählen zu können. Das nimmt viele Zeichen weg, da `STEP` auch nur mit `stE` abgekürzt werden kann. In den beiden folgenden Beispielen wird gezeigt, wie sich ohne `STEP` drei Zeichen einsparen lassen.

Beispiel 1 mit `STEP`: Die Werte gehen von 1000 bis 1 = 1000 Werte, der Endwert von `I` ist 0.

```
10 FORI=1000TO1STEP-1:PRINTI;:NEXT
```

= 31 Zeichen (23 gekürzt) [Benchmark = 66]

Beispiel 2: Die Werte gehen von -1000 bis -1 = 1000 Werte, der Endwert von `I` ist 0.

```
10 FORI=-1000TO-1:PRINTI;:NEXT
```

= 27 Zeichen (20 gekürzt) [Benchmark = 66]

Wenn du ein positives Ergebnis erzielen möchtest, kannst du einfach das Ergebnis negieren. Zum Beispiel ermöglicht dir der Befehl `PRINT-I` die Einsparung von zwei Zeichen.

8.26 NEXT A:NEXT B

Da sich ein NEXT immer auf das unmittelbar vorhergehende FOR bezieht, kann man die Variablen weglassen, was unwesentlich langsamer ist, aber zwei Zeichen einspart.

```
10 FORA=1TO100:FORB=1TO10:NEXTB:NEXTA
```
= 34 Zeichen (27 gekürzt) [Benchmark = 114]

Das funktioniert genauso ohne die Variablen hinter NEXT:

```
10 FORA=1TO100:FORB=1TO10:NEXT:NEXT
```
= 32 Zeichen (26 gekürzt) [Benchmark = 93]

Dieser Code spart erst ab dreimal oder mehr NEXT je ein Zeichen ein. Mit zweimal NEXT ist er so langsam wie der erste Code.

```
10 FORA=1TO100:FORB=1TO10:NEXTB,A
```
= 24 Zeichen (20 gekürzt) [Benchmark = 114]

8.27 Festwerte

Ein paar Zeichen spart man, sobald ein Festwert mehr als zweimal benötigt wird.

Beispiel 1 (vierstellig und zweimal):

```
10 FORA=1024TO2*1024:C=A+1:NEXT
```
= 28 Zeichen (25 gekürzt) [Benchmark = 251]
Bei zweimaliger Nutzung lohnt es sich noch nicht.

```
10 B=1024:FORA=BTO2*B:C=A+1:NEXT
```
= 29 Zeichen (26 gekürzt) [Benchmark = 255]

Auch bei drei- oder fünfstelligen Zahlen verhält es sich gleich. Wird eine Zahl nur zweimal benötigt, braucht die Variante mit der Vordefinition mehr Zeichen. Erst wenn eine Zahl mehr als dreimal verwendet wird, kann man Zeichen sparen.

Beispiel 2 (fünfstellig und dreimal):

```
10 FORI=1TO8:POKE53265,PEEK(53265)AND240OR7-
I:POKE53265+5,I:NEXT
```
= 60 Zeichen (51 gekürzt) [Benchmark = 114]
Gleich schnell, aber kürzer ist folgender One-Liner:

```
10 P=53265:FORI=0TO7:POKEP,PEEK(P)AND240OR7-
I:POKEP+5,I:NEXT
```
= 58 Zeichen (47 gekürzt) [Benchmark = 114]

Ja, 53265+5 ist 53270. Hier wird es nur als Beispiel benutzt.

8.28 Potenzen

Die Zahlen und Kombinationen der folgenden vier Abschnitte werden eher selten Anwendung finden. Sie sollen aber als Beispiel dienen, ungewöhnlich zu denken, um Zeichen einzusparen.

Bei einigen Zahlen lässt sich mit der Potenzfunktion ein Zeichen einsparen, zum Beispiel mit `4^5` statt `1024`, bei fünfstelligen Zahlen auch zwei Zeichen (z. B. `3^9` = `19683`). Die folgende Tabelle zeigt Einsparpotenziale durch die Nutzung von Potenzen statt Reinzahlen.

	2	3	4	5	6	7	8	9	10	11	12	13	14	15	16
2													16384	32768	65536
3						2187	6561	19683	59049 / 1000						
4				1024	1296 / 4096	2401 / 16384	4096 / 65536	6561	10000	14641	20736	28561	38416	50625	65536
5			1024	3125	7776 / 15625	16807	32768	59049	100000						
6			4096 / 1296	15625 / 7776	46656										
7		2187	16384 / 2401	16807											
8		6561	65536 / 4096	32768											
9		19683	6561	59049											
10		1000 / 59049	10000	100000											
11			14641												
12			20736												
13			28561												
14	16384		38416												
15	32768		50625												
16	65536														
22		10648													
23		12167													
24		13824													
25		15625													
26		17576													
27		19683													
28		21952													
29		24389													
30		27000													
31		29791													
32		32768													
33		35937													
34		39304													
35		42875													
36		46656													
37		50653													
38		54872													
39		59319													
40		64000													

Beispiele für Potenzen in One-Linern:

```
10 FORA=1024TO2*1024:C=A+1024:NEXT
```
= 31 Zeichen (28 gekürzt) [Benchmark = 426]

Gekürzt:

```
10 FORA=4^5TO2*4^5:C=A+4^5:NEXT
```
= 28 Zeichen (25 gekürzt) [Benchmark = 2216]

Über den gleichen Weg lassen sich auch bei Vervielfachungen Zeichen einsparen:

```
A=1024,B=2048,C=4096
```
= 20 Zeichen

```
A=4^5,B=A*2,C=A*4
```
= 17 Zeichen

Aufgrund von Rundungsfehlern sind manche Zahlen ungerade.

TIPP: Geschwindigkeit durch Anordnung
Wenn die Basiszahl als kleinere Zahl vorne steht, wird zum Beispiel 4^8 = 65536 schneller gerechnet als 6^4 = 65536.

8.29
10er Exponenten

Eine weitere Möglichkeit zur Einsparung von ein bis zwei Zeichen ist die Verwendung von 10er Exponenten. Das lohnt sich bei Zahlen, die wenigstens vierstellig sind.

1000 kann auch mit 1E3 dargestellt werden, 10000 mit 1E4 usw.. Entsprechend sind 2000 = 2E3, 40000 = 4E5 etc.

8.30
Potenz statt SQR

Anstelle von zum Beispiel SQR(20) geht auch 20^.5. Gekürzt auf sQ spart man so ein Zeichen.

```
A=SQR(X)
```
= 8 Zeichen (7 gekürzt) [Benchmark = 163]
Kürzer ist es so:

```
A=X^.5
```
= 6 Zeichen [Benchmark = 342]

8.31
π als Multiplikator

Mit Pi als Zähler können 19 Zahlen unter 65536 mit der Exponent-Funktion dargestellt werden, um ein bis zwei Zeichen zu sparen.

Das funktioniert beispielsweise mit π^7 = 3020, π^8 = 9488 oder π^9 = 29809.

```
10 FORX=1TO100:P=29809*X:NEXT
```

Benchmark = 57

Mit π^9 ist der Benchmark (= 329) zwar langsamer, aber die Zeile ist zwei Zeichen kürzer.

Und andersherum wird es ab 19^ π interessant, auch wenn die Zahlen Kommawerte haben. Denn es gibt ein paar Möglichkeiten die Werte zu verwenden, wenn alles hinter dem Komma nicht betrachtet wird, wie z. B. beim POKEn, denn POKE19^ π,1 ist gleichbedeutend mit POKE10406,1.

```
19^ π = 10406.9368    20^ π = 12226.6161    21^ π = 14251.9543
22^ π = 16494.7308    23^ π = 18966.8044    24^ π = 21680.1107
25^ π = 24646.6592    26^ π = 27878.5302    27^ π = 31387.8729
28^ π = 35186.9026    29^ π = 39287.8991    30^ π = 43703.2043
31^ π = 48445.2209    32^ π = 53526.4096    33^ π = 58959.2888
34^ π = 64756.4323
```

POKE53526,X verschiebt den Bildschirm um einen Pixel nach rechts (mit X=0-7 mit Bildschirmverkleinerung um eine Spalte und mit X=8-15 ohne Bildschirmverkleinerung).

8.32 RND mal anders: 0 bis 255

Mit PEEK(53266) liest man die unteren 8 Bits der im Moment des Auslesens gerade vom VIC-II dargestellten Rasterzeile, woraus dann ein Wert von 0 bis 255 entsteht.

Das ist kürzer und schneller als A=INT(RND(.)*255), denn man erhält direkt eine Ganzzahl, ohne die INT-Funktion verwenden zu müssen.

```
10 FORI=1TO100:R=INT(RND(.)*255):PRINTR;:NEXT
```

= 41 Zeichen (34 gekürzt) [Benchmark = 117]

```
10 FORI=1TO100:R=PEEK(53266):PRINTR;:NEXT
```

= 38 Zeichen (29 gekürzt) [Benchmark = 115]

Noch ein wenig schneller ist die Adresse zuvor als Variable festzulegen:

```
10 A=53266:FORI=1TO100:R=PEEK(A):PRINTR;:NEXT
```

= 42 Zeichen (33 gekürzt) [Benchmark = 84]

Das Ganze funktioniert nur und ist schneller bei Zufallszahlen, die mindestens dreistellig sind. `RND(0)*100` ist für Zahlen zwischen 1 und 10 schneller und kürzer als die Variante mit `PEEK`.

Der Inhalt des ROM kann auch als Pseudozufallsmuster verwendet werden. Obwohl dies nicht wirklich zufällig ist, kann es in bestimmten Anwendungsfällen durchaus eine geeignete Methode sein. Warum also nicht?

```
10 FORR=57344TO65535:PRINPEEK(R):NEXT
```

8.33 RND mal anders: 0 bis 20

Wenn du einen pseudorandomisierten Wert ab 0 bis 20 brauchst, kannst du von Adresse 205 den aktuellen Blinkcountdown des Cursors dafür nutzen. Ein Problem ist, dass dieser Wert davon abhängig ist, wann er abgerufen wird. Wenn er mit zum Beispiel mit einer Schleife abgerufen wurde, ist der Status des Cursors nur zweimal anders: einmal im Moment der ersten Abfrage und einmal nach dem ersten Durchlauf (zumindest macht es diesen Eindruck). Danach bleibt der Wert identisch. Du kannst ihn also nur einmal benutzen, bis wieder ein Cursor auf dem Bildschirm erscheint, zum Beispiel mit einem `INPUTA` (siehe den unteren Screenshot).

```
10 A=PEEK(205):PRINTA:GOTO10
READY.
RUN
 9
 2
 2
 2
 2
 2
 2
 2
```

Wird der Wert aber innerhalb eines Programms an unterschiedlichen Punkten mit der nächsten Abfrage gestartet, dann ändert sich der Wert wieder.

```
10 PRINTPEEK(205);:INPUTA
20 PRINTPEEK(205);:INPUTA
30 PRINTPEEK(205);:INPUTA
40 PRINTPEEK(205)
READY.
RUN
 2 ? 1
 17 ? 1
 7 ? 1
 2
```

Mit PRINTPEEK(205) bzw. R=pE(205) (= 9 Zeichen) kannst du den Wert nutzen und sparst bis zu 5 Zeichen gegenüber R=rN(1)*12 (= 10 Zeichen) oder R=iN(rN(1)*12) (= 14 Zeichen).

8.34 RND mal anders: 0 bis -1

Eine effiziente Methode, um pseudorandomisiert eine 0 oder -1 zu erhalten, ist der logische Vergleich mit der TI-Variable (Timer-Interrupt). Denn wenn TI mit sich selbst verglichen wird, erfolgt in dem kurzen Moment vom ersten TI zum Vergleich mit dem zweiten entweder ein minimaler Zeitunterschied, was die Aussage unwahr macht und somit eine 0 erzeugt wird, oder beide Werte sind identisch, was eine -1 erzeugt.

Aber die Gewichtung ist nicht gut. Mit dem Vergleich (TI=TI) erscheint -1 deutlich häufiger. Nimmt man aber (TI<TI), dann erscheint die 0 häufiger.

```
9 T=TI
10 FORI=1TO100:PRINT(TI=TI);:NEXT
11 PRINTTI-T:END
RUN
-1 -1 -1  0 -1 -1 -1 -1 -1 -1 -1 -1 -1 -
1 -1  0 -1 -1 -1  0 -1 -1 -1  0 -1 -1 -1
 -1 -1 -1 -1 -1 -1 -1  0 -1 -1 -1  0 -1
-1 -1 -1 -1 -1 -1 -1 -1 -1  0 -1 -1 -1
0 -1 -1 -1  0 -1 -1 -1 -1 -1 -1 -1 -1 -1
 -1 -1 -1 -1 -1 -1 -1 -1 -1  0 -1 -1 -1
 0 -1 -1 -1  0 -1 -1 -1 -1 -1 -1 -1 -1 -
1 -1 -1 -1 -1 -1 -1  82
```

Ein praktisches Anwendungsbeispiel ist in der mir bisher bekannten kürzesten Version des berühmten Einzeilers *205.5* eingebaut: 0 PRINTCHR$(TI+206-TI);:GOTO. Danke an Robert McKay für diesen sehr genialen Code, *New shortest 10print?* (https://www.youtube.com/watch?v=1tblL0jygdE).

8.35 Mehrfache RND

Abhängig von den benötigten Zufallszahlen kann die im Beispiel gezeigte Version einige Zeichen einsparen. Hier sollen drei Werte in den Bereichen zwischen 0 und 10, 0 und 20 sowie 0 und 30 liegen. Für bestimmte Anwendungsfälle könnte diese Lösung vollkommen ausreichen.

```
A=RND(1)*10:B=RND(1)*30:C=RND(1)*20
```

= 38 Zeichen (32 gekürzt) [Benchmark = 175]

Kürzer und schneller ist dann:

```
R=RND(1):A=R*10:B=R*30:C=R*20
```

= 29 Zeichen (28 gekürzt) [Benchmark = 131]

Alle berechneten Zahlen basieren bei dieser Lösung auf dem Wert des ersten RND. Damit sind alle Zahlen dahinter nicht mehr zufällig, denn sie stehen in einer direkten Abhängigkeit voneinander.

8.36
INT(RND(1))

Wenn eine Integerzahl eines Zufallswertes benötigt wird, so ist der kürzere und schnellere Weg, direkt eine Integervariable zu benutzen, wie zum Beispiel A%.

```
A=INT(RND(1)*100+1)
```
= 18 Zeichen (17 gekürzt) [Benchmark = 86]

```
A%=RND(1)*100+1
```
= 15 Zeichen (14 gekürzt) [Benchmark = 81]

Dabei gilt, dass Integervariablen nur Werte von -32768 bis +32767 haben können.

8.37
WAIT0,1

Wenn in einem Programm der Befehl CONT verwendet wird, dient dies nicht nur als ein Haltebefehl, der zwei Zeichen spart – ähnlich wie ein GOTO-Befehl, der auf die eigene Zeile verweist, oder wie ein WAIT 0,1. Im Unterschied zur WAIT-Variante, die ebenfalls nur durch Betätigen von RUN/STOP unterbrochen werden kann, zeigt CONT jedoch bei einem Abbruch nicht die Zeilennummer an, in der CONT steht, sondern die Zeilennummer, an der das letzte STOP oder END ausgeführt wurde, vorausgesetzt, diese Kommandos wurden zuvor im Programm verwendet.

```
10 PRINT"HELLO WORLD":CONT
```

Praktisch zu wissen: CONT kann mit cO abgekürzt werden.

8.38
WAIT0,0

WAIT0,0 (wA.,.) wartet, bis der Inhalt der Adresse 0 mit 0 AND-verknüpft ungleich 0 wird und hängt damit für immer in einer Schleife fest. Die zwei Zeichen kürzere Alternative ist SYS7.

```
10 PRINT"HELLO WORLD";:SYS7
```

Beide Varianten lassen sich allerdings nur mit STOP+RESTORE abbrechen.

INFO: SYS7 im VICE
Leider ruft SYS7 bei Nutzung im VICE-Emulator den Debugger auf.

8.39
GET & WAIT

Anstelle der Eingabe von GET kann auch WAIT verwendet werden, was eine Einsparung von vier Zeichen zur Folge hat.

```
10 GETA$:IFA$<>""GOTO10
```
= 20 Zeichen (17 gekürzt)

```
10 GETA$:WAIT198,1
```
= 15 Zeichen (12 gekürzt)

Es geht auch andersherum mit `10 WAIT198,1:GETA$`. Da das getippte Zeichen im Tastaturpuffer zwischengespeichert ist, übernimmt das der A$ automatisch.

8.40
IF THEN / GOTO

Eine IF-THEN-GOTO-Anweisung kann auch funktionieren, ohne dass das Wort THEN oder GOTO explizit verwendet wird, wenn eine bestimmte Zeile direkt angesprungen werden soll.

```
10 A=A+1:IFA<100THENGOTO10
```
= 23 Zeichen (19 gekürzt) [Benchmark = 52]

Ohne GOTO oder ohne THEN ist es kürzer und etwas schneller:

```
20 IFA<100THEN10
```
= 12 Zeichen (10 gekürzt) [Benchmark = 51]
```
20 IFA<100GOTO10
```
= 12 Zeichen (10 gekürzt) [Benchmark = 51]

8.41
IF<X>THEN

Anstelle von geschachtelten Größer-, Kleiner- und auch Gleich-IF-THEN-Abfragen kann man sehr oft mit logischen Operatoren ein paar Zeichen einsparen. Außerdem können so die beiden Abfragen in eine Zeile gepackt werden.

```
10 IFX<0THENX=X+1000
20 IFX>999THENX=X-1000
```
zusammen = 36 Zeichen (32 gekürzt)

Das geht kürzer, und zwar so:
```
10 X=X+(X<0)*1000-(X>999)*1000
```
= 27 Zeichen

Bei `X<0` und bei `X>999` handelt es sich im Ergebnis um einen Wert, ob die Aussage wahr oder falsch ist. Mehr dazu im Kapitel *BASICs*.

8.42
IF(X)THEN 1

Anweisungen nach einem IF müssen nie in Klammern gesetzt werden. So lassen sich zwei Zeichen sparen.

```
IF(A(B)*.5<C)THEN
```

= 17 Zeichen (15 gekürzt) [Benchmark = 60]

Die äußeren Klammern sind hier unnötig. Kürzer geht es so:

```
IFA(B)*.5<CTHEN
```

= 15 Zeichen (13 gekürzt) [Benchmark = 57]

8.43
IF(X)THEN 2

Wenn man eine Variable immer um denselben Faktor erhöhen möchte, ohne einen Grenzwert zu überschreiten, kann dies zwar einfach mit einer IF-THEN-Anweisung erreicht werden. Es gibt jedoch auch eine Möglichkeit, dies ohne IF zu bewerkstelligen, was den Code kürzer und schneller macht.

```
IFX<100THENX=X+10
```

= 17 Zeichen (15 gekürzt) [Benchmark = 63]

```
X=X-10*(X<90)
```

= 13 Zeichen [Benchmark = 56]

8.44
Mehrfaches IF THEN

Auf einem recht einfachen Weg lassen sich mehrere IF-THEN-Abfragen platzsparend und zeitgewinnend zusammenfassen, und in der gleichen Zeile kann direkt fortgesetzt werden.

```
10 IFA=5THENB=7
11 IFA=6THENB=13
12 IFA=7THENB=-3
13 IFA=8THENB=6
```

insgesamt = 50 Zeichen (42 gekürzt) [Benchmark = 77 (mit A=8)]

Hier eine kurze und elegantere Lösung.

```
10 B=(A=5)*-7+(A=6)*-13+(A=7)*3+(A=8)*-6
```

= 37 Zeichen [Benchmark = 130]

Noch etwas kürzer geht es so:

```
10 B=-(A=5)*7-(A=6)*13+(A=7)*3-(A=8)*6
```

= 35 Zeichen [Benchmark = 125]

Es gibt noch einen weiteren Weg, der sich anbietet, wenn es sich um noch mehr Abfragen dreht. In Z steht dann der Wert.

```
10 DATA7,13,-3,6
11 DIMZ(4):FORX=1TO4:READZ(X):NEXT
```

= 46 Zeichen gesamt (38 gekürzt) [Benchmark = 165]

8.45
IF X<>0 THEN

Wenn eine Variable auf 0 geprüft wird, geht es auch ohne Vergleich, und du sparst so zwei Zeichen. Die IF-Bedingung (hier das X), weil verglichen mit <>, wird als logischer Wert betrachtet und hat den Wert -1. Damit ist er ungleich 0, und die BASIC-Zeile wird fortgesetzt. Es ist also ein Art ELSE-Funktion.

```
10 IFXTHENPRINT"X IS NOT 0"
```

8.46
IF X>0ANDX<100 THEN

Soll eine Variable zwischen zwei Werten geprüft werden, also etwa zwischen 100 und 1000, so gibt es eine kürzere als den Vergleich über AND.

```
IFX>0ANDX<100THEN
```

= 17 Zeichen (14 gekürzt)

Beim Umstellen des Vergleichs wird die Zeile kürzer:

```
IF0<X<100THEN
```

= 13 Zeichen (11 gekürzt)

8.47
IF X=1THENX=5:IF X=5THENX=1

Es kommt vor, dass eine Variable sich abhängig von ihrem alten Wert ändern soll. Dies benötigt gerne auch mal zwei Zeilen. Hier zeigen wir zwei Möglichkeiten, dies schneller und kürzer umzusetzen.

```
10 IFX=1THENX=5:GOTO30
20 IFX=5THENX=1:GOTO40
```

Dies ist die kürzere und schnellere Variante:

```
10 X=6-X
```

Die 6 ist die Summe aus den beiden Werten, die X bildet.

Es gibt auch eine interessante Version mit der ABS-Funktion:

```
IFX=1ORX=5THENX=ABS(X-5)+1
```

Da ABS das Vorzeichen entfernt, wird bei X=1 die Formel zu ABS(1-5), was -4 ergäbe und zusammen mit +1 dann 5. Die Werte wurden getauscht. Mit X=5 funktioniert es entsprechend ebenso andersherum.

8.48
A<=X

Im Beispiel mit einer Schleife, die X mal durchlaufen soll, kann ein Zeichen gespart werden, wenn man das Gleichzeichen weglässt und den Zähler um 1 erhöht. Das ist wichtig, damit das Ergebnis X erreicht, denn z. B. bei X<100 würde X nur 99 erreichen.

```
10 I=I+1:IFI<=100THENPRINTI;:GOTO10
```
= 32 Zeichen (24 gekürzt) [Benchmark = 133]
```
10 I=I+1:IFI<101THENPRINTI;:GOTO10
```
= 31 Zeichen (23 gekürzt) [Benchmark = 113]

8.49
DIM

Wird ein Array z. B. mit 100 Werten benötigt, reicht ein DIMA(99), denn jedes Array beginnt mit einer 0. So wird ein Zeichen gespart.

8.50
Bildschirmfarben

Die Farben des Bildschirms können nicht nur mit den Adressen 53280 und 53281, sondern auch mit 54240 und 54241 geändert werden. Wenn diese Adressenpaare geschickt in eine FOR-NEXT-Schleife eingebaut werden, weil diese sowieso verwendet wird, dann lassen sich mit der folgenden Lösung einige Zeichen sparen, auch wenn dies wohl recht selten eine passende Anwendung findet. Dennoch sei sie hier erwähnt, denn diese Lösung wurde trickreich in einem wirklich tollen Gewinnercode eines Einzeiler-Wettbewerbs eingesetzt. Hier steht beschrieben, wie dieser Trick funktioniert: https://www.forum64.de/index.php?thread/91008-basic-wettbewerb-blaues-kreuz-kleinstes-prg/&pageNo=5

```
2019?"♥":fOX=2TO81:pO54238+X,.:pO982+aB(26-INT(5/8*X))*40+X,160:nE:wA.,.
```

Hervorzuheben ist hier:
```
FORX=2TO81:POKE54238+X,.:NEXT
```
Ein weiteres Beispiel findet sich in der *Übung 2* (Abschnitt 7.2).

8.51
Cursorfarbe setzen

Die kürzeste Methode, die Farbe des Cursors zu ändern, besteht darin, PRINT-Kommando oder ? zusammen mit dem Steuerzeichen für den Farbwert zu verwenden, anstatt einen POKE-Befehl zu nutzen. Weiß zum Beispiel lässt sich durch die Tastenkombination CTRL+2 erzeugen (Reverses E).

```
10 PRINT"E"
```
= 8 Zeichen (4 gekürzt) [Benchmark = 16]

Mit `POKE646,Farbwert` wird es länger und deutlich langsamer:

```
10 POKE646,1
```
= 9 Zeichen (7 gekürzt) [Benchmark = 44]

Nicht-Optimierungen

9.1
A<B*2 vs. (A<B)*2

Eine boolesche Operation liefert üblicherweise den Wert -1, wenn diese Wahr ist. Wenn man mit dem Wert rechnen möchte, ist es wichtig, auf die Prioritäten der Operationen zu achten. Damit die boolesche Operation zuerst ausgeführt werden kann, bleiben die Klammern bestehen.

```
10 A=1:B=2: PRINTA<B*2
```
Ergebnis = -1
```
10 A=1:B=2: PRINT(A<B)*2
```
Ergebnis = -2

9.2
A=B=1

Man könnte vermuten, dass den Variablen A und B hier jeweils der Wert 1 zugewiesen wird. In Wirklichkeit wird allerdings B mit 1 verglichen und das Ergebnis der Variable A zugewiesen. Das Resultat dieser Operationen ist also möglicherweise etwas komplett anderes als erwartet. Denn wenn B einen anderen Wert als 1 hat, bekommt A den Wert 0. Ist B=1 dann wird A zu -1.

Diese Kombination kann trickreich eingesetzt werden, um A in Abhängigkeit von B zu steuern. Siehe hierzu den Abschnitt *Operatoren* im C64-Wiki (https://www.c64-wiki.de/wiki/Operatoren).

Videokurse-Optimierung

YouTube hält einige interessante Videos bereit, die beispielhaft zeigen, wo und wie BASIC-Zeilen noch optimiert werden können.

10.1
Videokurse

Size Optimizing Tricks in 10 PRINT Orthogonal for Commodore 64:
https://www.youtube.com/watch?v=oPtjcSsS2MI&t=718s

Benchmark By Guitar Tuner?:
https://www.youtube.com/watch?v=21alGHafj1w

Tipps & Tricks

11.1 Bildschirm löschen 1

Eine einfache Methode, den Bildschirm zu löschen und den Cursor in die oberste linke Ecke zu platzieren, ist PRINTCHR$(147) (14 Zeichen, 8 gekürzt). Einfacher und ein Zeichen kürzer ist SYS58692 (8 Zeichen, 7 gekürzt). Der einzige Unterschied ist, dass mit SYS nur eine Leerzeile ausgegeben wird, bei CHR$ zwei. Es gibt weitere ähnliche SYSs, die im Abschnitt *SYSs* genannt werden.

11.2 Bildschirm löschen 2

Wenn man in einem Einzeiler den Bildschirm vor einem Effekt nur ein einziges Mal löschen möchte, ohne dass er bei einem Rücksprung, zum Beispiel durch ein GOTO, jedes Mal wieder gelöscht wird, gibt es unter anderem folgende Möglichkeiten, die in den Beispielen aufgezeigt werden.

Hier wird ausgenutzt, dass jede Variable nach einem Neustart immer den Wert 0 hat. Durch die Verwendung von 147-A wird der Bildschirm gelöscht, und indem am Ende der Zeile A=4 gesetzt wird, wird CHR$(143) produziert. Das hat keine Ausgabe, und somit wird kein Bildschirm gelöscht.

Im oberen Beispiel wird der Bildschirm gelöscht und HELLO WORLD immer wieder untereinander ausgegeben.

```
1 PRINTCHR$(147-A):PRINT"HELLO WORLD";:A=4:GOTO1
```

Hier wird der Bildschirm gelöscht, und exemplarisch werden Herzsymbole ausgegeben.

```
1 PRINTCHR$(147-A);:PRINTCHR$(211);:A=4:GOTO1
```

Indem der PRINT-Befehl bereits zum Löschen genutzt wird, lässt sich dieser Vorteil nutzen, indem man zum Beispiel die Herzsymbole direkt mit ausgibt. So werden einige Zeichen gespart.

```
1 PRINTCHR$(147+A);:A=64:GOTO1
```

11.3 Bildschirmfarben 1

Im *Forum64* hat *wizball6502* einen Weg vorgestellt, wie man die Hintergrund- und Rahmenfarbe gleichzeitig auf Schwarz setzen kann, ohne POKE53281/0 zu nutzen. So lassen sich ein paar Zeichen sparen.

Die Zeile funktioniert allerdings nur direkt nach dem Neustart des C64, wenn das Programm als erstes geladen und direkt ausgeführt wird (Autostart).

```
10 PRINT"S":POKE53281,0:POKE53280,0
```

= 24 Zeichen gekürzt

Das S steht hier für die Taste HOME.
Es geht auch noch etwas kürzer mit dieser Zeile:

```
10 PRINT"S"TAB(32):POKE210,208:PRINT0
```

= 23 Zeichen gekürzt

Hier die Erklärung als Auszug aus dem Forum64: Die Zeropage-Adresse 209-210 beinhaltet das Low- und High-Byte der aktuellen Cursor-Position. Wenn man dort den Wert 208 reinpoket, zeigt der Pointer auf 208*256=53248 (=VIC-II-Bereich). Alles, was man nun printet, wird ab dieser Adresse in den Speicher geschrieben. Soweit nichts Neues. Was aber überrascht, ist, dass beim Kalt- oder Warmstart des C64 in der Low-Byte-Adresse 209 der Wert 224 steht. Zusammen mit dem gesetzten High-Byte-Pointer 53248 und dem initialen Wert 224 kommt man auf die Adresse 53472. Und 53472 scheint tatsächlich eine „Spiegel"-Adresse der Rahmenfarbe 53280 zu sein! Wenn man nun 0 printet, dann wird an diese Adresse der Output " 0" (mit führendem Vorzeichen-Blank) geschrieben. Und da der PETSCII-Wert vom Leerschlag 32 und das von der Null 48 ist, was in den unteren 4 Bits beides mal 0 ergibt, wird beide Male Schwarz für die Rahmen- sowie Hintergrundfarbe gesetzt. Das passt also wunderbar. (Quelle: https://www.forum64.de/index.php?thread/103462-basic-10liner-hack-des-tages-in-der-k%C3%BCrze-liegt-die-w%C3%BCrze/)

TIPP: Effekt simulieren

Simulieren kann man den Effekt, indem man in einer Zeile `POKE209,224: POKE210,208:PRINT0` eingibt. Auf diesem Weg ist es allerdings zwei Zeichen länger als mit `POKE53280/1,0`.

11.4 Bildschirmfarben 2

Im Zuge der Idee vom vorigen Abschnitt kam *BIF* (Forum64) auf eine weitere Möglichkeit, mit der auch unterschiedliche Farben gesetzt werden können. Damit das funktioniert, muss der Cursor erst nach oben links gesetzt werden, was klassischerweise mit `PRINT"(HOME)"` realisiert wird. Auch hier steht das *S* für die Taste *HOME*:

```
PRINT"S"TAB(32):POKE210,208:PRINT"QA"
```

= 37 Zeichen (26 gekürzt)

Daraus entstand in einem weiteren Schritt folgender One-Liner (Q steht hier für *CURSOR runter*):

```
PRINT"SQQQ":POKE210,208:PRINT"@A"
```

= 33 Zeichen (21 gekürzt)

Und damit kann man mit den richtigen Buchstaben in den Anführungszeichen hinter PRINT Hintergrund- und Rahmenfarbe setzen und ist in der gekürzten Version ein bis zwei Zeichen kürzer als mit POKE53280/1,XX (0-15).

Das @ steht für Schwarz und das E für Grün. Die Buchstaben entsprechen den Farben der Tastatursymbole, also zum Beispiel A = Weiß, B = Rot usw.

11.5 Cursor oben links positionieren

Den Cursor oben links kannst du, ohne den Bildschirm zu löschen, mit SYS65520 setzen. Dazu darf vorher in den Adressen 781 und 782 kein Wert gepoket sein.

11.6 Cursor irgendwo positionieren

Mit POKE781,X und POKE782,Y und SYS65520 wird der Cursor an eine beliebige Stelle des Bildschirms gesetzt.

```
10 FORA=1TO100:FORI=1TO10:POKE781,10+I:POKE782,
10+I:SYS65520:PRINT"HI":NEXT:NEXT
```

Benchmark = 1519

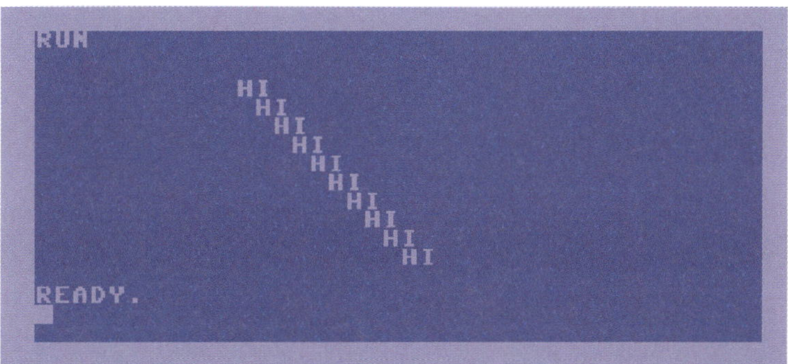

Bei dieser Version wird das Carry-Flag (C-Flag), auch Übertrags-Bit genannt, gesetzt, das hauptsächlich bei arithmetischen Operationen zum Einsatz kommt. Wenn beispielsweise das Ergebnis einer Addition größer als 255 ($FF) ist, dient das Carry-Flag als Übertrags-Bit mit einem Wert von 256. Im Falle einer Subtraktion fungiert es in seiner negierten Form, ähnlich dem bei anderen Prozessoren bekannten Borrow-Bit.

```
10 FORA=1TO10:FORI=1TO10:POKE781,10+I:POKE782,1
0+I:SYS65520:PRINT"HI":NEXT:NEXT
```

Benchmark = 153

Das funktioniert mit der folgenden Zeile genauso, auch ohne das Carry-Flag:

```
10 FORA=1TO10:FORI=1TO10:POKE214,10+I:POKE211,1
0+I:SYS58640:PRINT"HI":NEXT:NEXT
```

Benchmark = 153

Deutlich schneller geht es jedoch, wenn auch hier die Adressen in Variablen stehen:

```
9 X=214:Y=211
10 FORA=1TO10:FORI=1TO10:POKEX,10+I:POKEY,10+I:
SYS58640:PRINT"HI":NEXT:NEXT
```

Benchmark = 119

11.7 Cursor positionieren ohne SYS

Das Positionieren des Cursors kann auch ohne den Einsatz eines SYS-Befehls erfolgen.

```
POKE214,Zeile:PRINTSPC(Spalte)
```

oder

```
POKE214,Zeile:PRINT"{Cursor hoch}"TAB(Spalte)
```

11.8 Cursor positionieren ohne Zeilenumbruch

Die letzten beiden Tipps haben den Nachteil, dass beim Schreiben in Zeile 24 (unterste Bildschirmzeile) ein Zeilenumbruch ausgelöst wird. Hier ist eine Methode, die es ermöglicht, in die erste und letzte Zeile zu schreiben, ohne einen Zeilenumbruch zu erzeugen. Dabei kann Zeile 24 sogar 40 Zeichen aufnehmen, was es ermöglicht, diese bis zum letzten Zeichen unten rechts auszufüllen.

Der Trick ist, vor dem PRINT und RETURN die nächste Zeilennummer 0 in die Speicherstelle 214 zu POKEn.

```
10 PRINT"{CLR/HOME}";:POKE214,23:PRINT"ROW 1"
20 POKE214,0:PRINT"ROW 25"
30 PRINT"CONTINUE"
```

11.9
A=0:A$="" vs. CLR

Einfacher und vor allem deutlich kürzer als das Zurücksetzen aller Variablen auf 0 ist die Verwendung des CLR-Befehls. Nahezu den gleichen Effekt hat RUN. CLR setzt den Pointer, also den Zeiger, zurück auf seinen Ausgangswert, während RUN tatsächlich löscht. Ob es einen Unterschied bei deinem Einzeiler macht, solltest du testen. Beide Kommandos benötigen in abgekürzter Form nur zwei Zeichen.

11.10
GOTO x

Es gibt eine sehr praktische Methode, ein berechnetes GOTO zu realisieren. In dem Beispiel muss nur die Variable Z die Zeilennummer enthalten. X gibt die Ziele an, zu denen gesprungen werden soll. Nach RUN erscheint HELLO WORLD.

```
10 X=100:POKE785,188:POKE786,168:POKEX,
   PEEK(X):X=USR(0)
99 END
100 PRINT"HELLO WORLD"
```

Alternativ und etwas kürzer:

```
X=100:POKE785,188:POKE786,168:SYS47083(X),USR(0)
```

11.11
GOTO 10,20,30

Klassisch wird ein Menüsprung gern so oder ähnlich abgefragt:

```
10 IFA=1GOTO20
11 IFA=2GOTO30
12 IFA=3GOTO40
```

= insgesamt 33 Zeichen (27 gekürzt)

Mit einer ON-GOTO-Lösung geht dies deutlich kompakter:

```
10 ONAGOTO20,30,40
```

= insgesamt 15 Zeichen (13 gekürzt)

Diese Lösung funktioniert aber nur, wenn A positiv bleibt. Wird A negativ, bricht das Programm mit einem *Illegal Quantity Error* ab. Mit diesem Trick geht es wieder:

```
10 ON-(A>=1)*AGOTO20,30,40
```

= insgesamt 22 Zeichen (20 gekürzt)

11.12 Gerade oder ungerade Zahl

Wenn man herausfinden möchte, ob eine Zahl gerade oder ungerade ist, dann funktioniert folgende Methode sehr gut:

```
X=XAND1
```

Wenn die Zahl X gerade ist, dann ist das Ergebnis der Überprüfung 0, und bei einer ungeraden Zahl ergibt sich 1.

Um stattdessen 0 und -1 zu erhalten, ist diese Definition nützlich:

```
X=-(XAND1)
```

11.13 IF THEN ELSE

Da BASIC V2 kein `IF THEN ELSE` anbietet, muss eine Logik her, die nach dem `THEN` weitere Befehle ausführt. Mit `ON` (Vergleich/Formel) `GOTO` kann man in einer Zeile einen bedingten Sprung ausführen. Falls die Bedingung nicht erfüllt ist, also der `ELSE`-Fall eintritt, werden die Befehle nach dem `GOTO` ausgeführt.

Beispiel 1:

```
10 GETA:ON-(A=0)GOTO10:PRINT"ELSE"
```

Hier wird auf eine Wertänderung von `A` gewartet, bevor `ELSE` erscheint. Es geht auch mit `ONAGOTO10`, doch das Beispiel mit den Klammern soll verdeutlichen, dass es hier weitere Möglichkeiten gibt. Im Beispiel wird immer zu Zeile 10 zurückgesprungen, wenn `A<>1` ist. Eine `ELSE`-Lösung funktioniert auch mit anderen Vergleichen wie `ON-(A<100)` oder `GETA$:ON-(A$="")`.

Beispiel 2:

```
10 GETA$:ON((A$="1")+2)GOTO20:ON((A$="2")+2)
   GOTO30:GOTO10
20 PRINT1:END
30 PRINT2
```

Beispiel 3:

```
10 IFA>BTHENON-(B=0)GOTO30:GOTO40
```

Wenn `A` nicht größer als `B` ist, geht es mit der nächsten Zeile weiter. Wenn `A` größer als `B` ist und `B` gleich 0 ist, dann geht es zu Zeile 30. Wenn `A` größer als `B` ist und `B` nicht gleich 0 ist, dann geht es zu Zeile 40.

11.14 IF ohne IF

Eine Schleife ohne IF-Abfrage hat den Vorteil, dass der Code in jedem Fall in der gleichen Zeile weiter ausgeführt wird. Das Beispiel enthält eine Lösung, die einfach an andere Werte angepasst werden kann. Soll die Schleife 100 mal durchlaufen werden, musst du nur die 15 gegen 99 und die 16 gegen 100 tauschen.

Im folgenden Beispiel wird der Code nach dem THEN nur dann ausgeführt, wenn A den Wert 15 erreicht hat. Für einen Einzeiler ist dies also nicht geeignet.

```
10 A=A+1:IFA=15THENA=1
11 CODE
20 GOTO10
```

Ohne Verwendung von IF kann Code davor und dahinter stehen:

```
10 A=A+1:A=A+15*(A=16)
```

= 31 Zeichen gesamt (27 gekürzt)

11.15 REPEAT UNTIL DO WHILE

Diese aus anderen BASIC-Dialekten bekannte Schleifenform kann in BASIC V2 simuliert werden:

Beispiel 1: Endlosschleife

```
10 FORC=0TO-1STEP0 :REM WHILE
11 PRINT"HELLO WORLD" :REM DO
20 C=(A=B) :REM UNTIL
30 NEXT :REM REPEAT
```

Das hat die gleiche Wirkung wie REPEAT UNTIL A=B, da C nur dann -1 wird, wenn der logische Ausdruck in Zeile 20 C wahr macht.

Beispiel 2: REPEAT bis = X

```
20 A=A+1: C=A=10
```

Beispiel 3: Ohne FOR NEXT bis = X

```
10 PRINT"HELLO WORLD" :REM DO
11 A=A+1:IF NOTA=10GOTO10 :REM WHILE
   REPEAT UNTIL
```

11.16 Input mit allen Sonderzeichen

Hier ist ein Code, der beliebige Tastenfolgen mit allen Sonderzeichen speichert:

```
10 PRINT"INPUT:";:POKE17,64:POKE511,1:
   SYS42336:SYS44049B$:PRINTB$
```

```
10 PRINT"INPUT:";:POKE17,64:POKE511,1:SY
S42336:SYS44049B$:PRINTB$
RUN
INPUT:TEST;":",?
TEST;":",?
```

11.17 IF A$="X"THEN

Soll ein String mehr als einmal auf einen Inhalt geprüft werden, dann lohnt es sich, den String zuerst zu definieren, wenn er z. B. wenigstens vier Zeichen lang ist und dreimal abgefragt wird (in unterschiedlichen Zeilen und nicht durch eine Schleife).

Beispiel 1: 2 Zeichen + 2 Abfragen

```
10 IFC$="HI"THEN
11 IFC$="HI"THEN
```

zusammen mit Zeile 10 & 11 = 26 Zeichen (22 gekürzt)
Abfragen: 3x = 39 Zeichen (33), 4x = 52 Z. (44), 5x = 65 Z. (55)

Mit vordefiniertem String:

```
9 A$="HI"
10 IFC$=A$THEN
11 IFC$=A$THEN
```

zusammen mit Zeile 9, 10 & 11 = 29 Zeichen (25 gekürzt)
Abfragen: 3x = 40 Zeichen (34), 4x = 51 Z. (43), 5x = 62 Z. (52)

Bei einem zwei Zeichen langen String rechnet sich der Aufwand nach wenigstens vier Abfragen.

Beispiel 2: 4 Zeichen + 2 Abfragen

```
10 IFC$="HOME"THEN
11 IFC$="HOME"THEN
```

zusammen mit Zeile 10 & 11 = 30 Zeichen (26 gekürzt)
Abfragen: 3x = 45 Zeichen (39), 4x = 60 Z. (52), 5 x = 75 Z. (65)

Mit vordefiniertem String:

```
9 A$="HOME"
10 IFC$=A$THEN
11 IFC$=A$THEN
```

zusammen mit Zeile 9, 10 & 11 = 31 Zeichen (27 gekürzt)
Abfragen: 3x = 41 Zeichen (35), 4x = 53 Z. (44), 5x = 64 Z. (54)

Wie oben schon beschrieben: Bei einem vier Zeichen langen String lohnt sich dieser Weg schon mit drei Abfragen.

Die Abfrage nach einem ein Zeichen langen String rechnet sich erst nach neun Abfragen. Das wird wohl eher selten der Fall sein.

11.18 MID$ statt RIGHT$

Es wird gerne übersehen, dass `MID$` ohne einen zweiten Wert auskommt. Wenn keine Länge angegeben ist, wird einfach der Rest des Strings genommen. Aus `PRINTMID$("HELLO  WORLD",7)` wird WORLD, da `MID$` alles ab dem sechsten Zeichen bis zum Ende des Strings ausgibt. Das kann nützlich sein, wenn man nicht weiß, wie lang der Endstring nach einem `RIGHT$` sein wird.

INFO: Parameter von MID$
Im C64-Handbuch steht, dass beide Parameter bei `MID$` von 0 bis 255 liegen dürfen. Das ist nicht korrekt. Der erste Parameter darf nicht Null sein, sonst erscheint ein *ILLEGAL QUANTITY ERROR*.

11.19 RND mal anders: 0 oder 1

Mit `PEEK(207)` kannst du im Direktmodus eine pseudorandomisierte 0 oder 1 erhalten. Die Adresse spiegelt die Cursorblinkphase wider. *0 = Aus* und *1 = An* zeigen, ob der Character während der Abfrage unter dem Cursor reverse (invertiert) war.

11.19.1 RND mal anders: 0 bis 255 per Timer

Solange das Timer-Interrupt aktiv ist, werden in den Speicherstellen 160 alle 256 * 256 * 1/60 Sekunde, in 161 alle 256 * 1/60 Sekunde und in 162 die 60stel Sekunde von `TI$` die Werte von 0 bis 255 inkrementiert, also heraufgezählt.

So kann man z. B. mit `PEEK(162)` einen Integer-„Zufallswert" von 0 bis 255 auslesen, und entsprechend lassen sich mit 161 und 160 die anderen Werte auslesen. Dies ist vor allem dann nützlich, wenn man zwischendurch einen Zufallswert braucht und nicht in einer Schleife, die schnell viele Ergebnisse benötigt.

```
PEEK(162)
```

= 9 Zeichen (gekürzt 7)

Das ist deutlich kürzer als:

```
INT(RND(.)*255)
```

= 15 Zeichen (gekürzt 14)

INFO: Wiederholende Zufallswerte
Da sich alle Werte dieser Register periodisch wiederholen, kann hier nur bedingt von einem Zufallswert gesprochen werden.

11.19.2 RND mal anders: 0 bis 255 per SID

Es ist sogar möglich, den SID (Stimme 3) als Nummerngenerator für Ganzzahlen von 0 bis 255 zu nutzen:

```
10 POKE54287,255:POKE54290,128:PRINTPEEK(54299)
```

11.19.3 RND mal anders: 0 oder 1 per AND

Mit der folgenden kurzen Lösung, basierend auf Abschnitt 11.19.4, hast du mit einem AND1 eine sehr kurze Option, zufällig 0 und 1 zu generieren.

```
PEEK(162)AND1
```

= 13 Zeichen (10 gekürzt)

```
10 FORI=1TO100:R=PEEK(162)AND1:NEXT
```

Benchmark = 54

```
10 FORI=1TO10:PRINTPEEK(162)AND1;:NEXT
RUN
 1  0  1  0  0  1  0  1  0  0
```

Die Adresse 162 gehört zum Timer des C64 und wird immer um 1 Jiffy (1/60 Sekunde) inkrementiert.

11.19.4 RND mal anders: 0 oder 1 kurz & schnell

Es gibt noch eine weitere Möglichkeit, Werte von 0 oder 1 zufällig zu erzeugen:

```
10 FORI=1TO100:PRINTINT(RND(.)*2):NEXT
```

= 18 Zeichen ohne FOR - NEXT (13 gekürzt) [Benchmark = 41]

```
10 FORI=1TO10:PRINTINT(RND(.)*2);:NEXT
READY.
RUN
 1  0  1  0  0  0  1  0  1  1
```

Eine Variante ist INT(RND(.)+.5), was gleich gut funktioniert, aber ein Zeichen länger und etwas langsamer ist als im Beispiel.

11.19.5 RND mal anders: 0 oder 1 (kürzer und schneller)

Mein kürzester Weg für eine zufällige 0 oder 1 ist die Nutzung einer Integervariablen wie A%. So entfällt die Integer-Umrechnung einer Fließkommazahl und INT sowie dessen zwei Klammern.

```
10 FORX=1TO100:A%=RND(.)*2:NEXT
```

= 11 Zeichen ohne FOR - NEXT (10 gekürzt) [Benchmark = 36]

11.19.6 RND 1 oder 2

Wenn du nur 1 oder 2 als Ganzzahlen-Zufallsergebnis brauchst, hilft diese Formel:

```
10 FORI=1TO10:PRINTINT(RND(.)+1.5);:NEXT
READY.
RUN
 2  1  1  1  1  1  2  1  1  1
```

Wenn die Ergebnisse zum Beispiel gepoket werden sollen, dann kannst du das INT auch weggelassen (Thema *Rundung*).

```
,+,+,++,,+
L 10
10 FORI=1TO10:POKE1023+I,42+(RND(.)+1.5)
:NEXT
RUN10
```

11.19.7 RND von X%

Benötigst du ein zufälliges Ereignis nur etwa alle X Prozent, dann ist dies eine mögliche Methode: In X muss stehen, nach wieviel Prozent eine 1 produziert werden soll.

X=.5 entspricht 50%, also einer Wahrscheinlichkeit von 2
X=.6 entspricht 16.66%, also einem Würfelzufall
X=.1 entspricht 10%, also einer Wahrscheinlichkeit von 10

```
R=-(RND(1)<.X)
```

```
10 FORI=1TO40:PRINT-(RND(1)<.1);:NEXT
READY.
RUN
 0  1  1  0  0  0  0  0  0  0  1  0  0
0  0  0  1  0  0  0  0  0  1  0  0  0  0
 0  0  1  0  0  0  0  0  0  0  0  0  0

READY.
L

10 FORI=1TO40:PRINT-(RND(1)<.4);:NEXT
READY.
RUN
 0  0  0  1  0  0  0  0  0  0  1  0  1
1  0  1  0  1  1  1  0  1  0  0  0  0  1
 0  0  1  1  0  1  1  0  0  1  0  0  0
```

Die 10 kann gegen jeden anderen Wert ausgetauscht werden.

11.19.8 RND mehrfach

Werden mehrere Zufallszahlen im selben Bereich benötigt, ist es einfacher, hierfür eine Funktion anzulegen und dann nur noch `FN` abzufragen. Danach wird mit `PRINTFNRD(X)` eine Zahl zwischen 1 und X generiert.

```
DEFFNRD(X)=INT(RND(1)*X)+1
```

11.19.9 RND STEP X

Für einen Einzeiler wurde eine Lösung gesucht, um aus einem String nur das jeweils erste, dritte, fünfte usw. Zeichen auszulesen. Da meine Versuche zunächst scheiterten, es vor allem auch in möglichst kurzem Code zu realisieren, bat ich auf Facebook in einem Beitrag um Hilfe. Und siehe da, nach ein paar Stunden und ein paar Vorschlägen kam eine sehr universelle Lösung zustande.

Mit der Formel `INT(RND(.)*X/S)*S+1` kann für eine beliebig große Menge `(X)` ein beliebig großer `STEP (S)` gesetzt werden. Mit dem Zusatz `+1` wird keine 0 im Ergebnis sein.

```
10 FORI=1TO10:PRINTINT(RND(.)*8/2)*2;:NE
XT
RUN
 6  2  2  0  4  4  2  2  4  2

10 FORI=1TO10:PRINTINT(RND(.)*8/2)*2+1;:
NEXT
RUN
 1  5  3  7  5  3  5  3  5  1
```

Wenn du den Bereich und die Schrittweite kennst, dann kannst du zwei Zeichen sparen, indem du wie im Beispiel oben `*8/2` direkt in `*4` ausrechnest, was den Prozess zudem beschleunigt.

```
10 FORI=1TO10:PRINTINT(RND(.)*4)*2+1;:NE
XT
RUN10
 7  5  5  5  3  1  1  7  5  3
```

In der ersten Zeile wird aus dem Wertebereich bis 8 jeder zweite Schritt ausgegeben, sodass wie im folgenden Beispiel nur jedes zufällige zweite Zeichen des Strings verwendet wird und somit nur Symbole zusammen mit dem Steuerzeichen davor dargestellt werden. Es soll kein Symbol ohne Steuerzeichen erscheinen. Ein großer Dank an Frederik Ramsberg für seine folgende Formel:

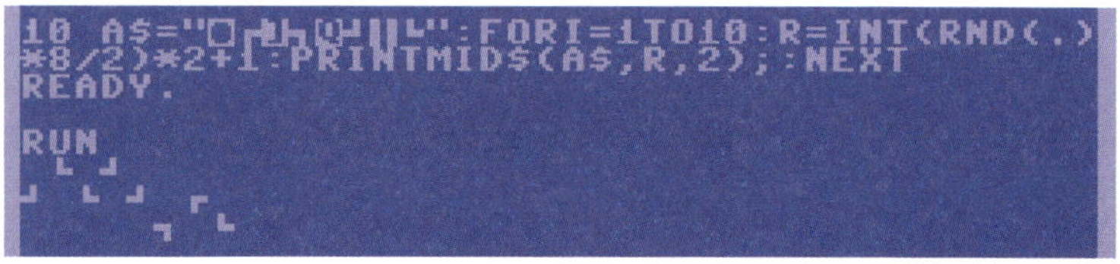

```
10 A$="□┌┘┐┘□┘┃┃└":FORI=1TO10:R=INT(RND(.)
*8/2)*2+1:PRINTMID$(A$,R,2);:NEXT
READY.

RUN
  └ ┘
┘  └ ┘  ┌
      ┐  └
```

11.20 PRINT TAB

Wenn du mit PRINT eine Ausgabe 10 Zeichen nach rechts versetzt darstellen willst, dann verwende das Komma anstatt TAB(10).

```
10 PRINT"A";TAB(10)"B"
```

funktioniert verkürzt auch so:

```
10 PRINT"A","B"
```

Indem du pro 10 Zeichen ein zusätzliches Komma einfügst, kannst du auch mehrere Zeilen auf einmal überspringen.

```
10 PRINT"A",,,,,,,,,,"▮▮B"
READY.
RUN
A

                        B
```

Wenn du etwa nur neun Zeichen brauchst, verwende Cursor-Links im Quote-Modus vor dem nächsten Zeichen.

```
10 PRINT"A","▮▮B"
READY.
RUN
A        B

READY.
10 PRINT"A";TAB(9);"B"
RUN
A        B
```

11.21 Horizontale Rahmen beschneiden

Mit POKE53265,19 werden am oberen und unteren Rahmen eine halbe Zeile überblendet, womit Scrolleffekte verschönert werden, da das Ruckeln in den nicht sichtbaren Bereich verschwindet. Zurücksetzen lässt sich das mit POKE53265,27.

11.22 WAIT vs. TI vs. FOR NEXT

Da man mit WAIT keine spezifische Zeit warten kann und dazu stattdessen eine zwar schnelle, aber umständliche FOR-NEXT-Schleife verwendet, geht es doch deutlich exakter, wenn man TI (Timer-Interrupt) als Basis nimmt. Beide folgenden Beispiele entsprechen einer Wartezeit von einer Sekunde.

```
9 T=TI
10 IFTI<T+60GOTO10
```

= gesamt 19 Zeichen (17 gekürzt)

oder

```
10 FORI=1TO940:NEXT
```

= 16 Zeichen (13 gekürzt)

Doch schon bei 10 Sekunden wird es schwieriger, denn es reicht nicht, die 940 des Beispiels nur zu verzehnfachen.

```
9 T=TI
10 IFTI<T+600GOTO10
```

= 19 Zeichen (gekürzt) [Benchmark = 600 (entspricht 10 Sek.)]

```
10 FORI=1TO9400:NEXT
```

= 14 Zeichen (gekürzt) [Benchmark = 635]

Es muss bei FOR NEXT erst der richtige Wert gefunden werden, um genau zu 10 Sekunden zu gelangen. Bei anderen Zeiten wird es möglicherweise noch komplizierter.

Mit TI bedeutet: X=30 entspricht 0,5 Sekunden, X=60 ist genau 1 Sekunde, und X=600 definiert 10 Sekunden.

11.23 WAIT ohne STOP

Um ein Programm nach einem Tastendruck fortzusetzen, bietet sich der folgende Befehl als eine sehr effiziente und kurze Methode an, die nicht das Betätigen von STOP oder gar STOP/RESTORE erfordert: WAIT198,1 oder WAIT198,63.

Das genaue Gegenteil, also die Fortsetzung des Programms nur dann, wenn irgendeine Taste losgelassen wird, erreicht man mit WAIT197,64.

Du kannst es testen, indem du im Direktmodus WAIT197,64 eintippst und anschließend die RETURN-Taste gedrückt hältst. Erst wenn du die Taste loslässt, wird READY auf dem Bildschirm erscheinen.

11.24 WAIT mit Fortsetzung

Es existiert eine recht einfache Methode, um eine Wartefunktion mittels des POKE-Befehls zu implementieren. Der POKE setzt den Tastaturpuffer dabei auf 0, und das WAIT wartet darauf, dass sich der Wert ändert.

```
POKE198,0:WAIT198,1
```

11.25 Modulo

Da das BASIC V2 keine Modulo-Funktion besitzt, hier eine passende Formel:

```
R=A-B*INT(A/B)
```

A entspricht dem Wert 1, B dem Wert 2 und R dem Rest. Wenn der Divisor einer 2er-Potenz entspricht, kann man den Rest mit einer AND-Verknüpfung mit (2^n-1) folgendermaßen realisieren:
Modulo 2 (2^1) = A AND 1
Modulo 4 (2^2) = A AND 3
Modulo 8 (2^3) = A AND 7 usw.
Beispiel: R=2^2AND3 bzw. R=4AND3

11.26 Gerade vs. ungerade Zahlen

Das Rechnen mit geraden Zahlen ist meistens, aber nicht immer schneller als mit ungeraden Zahlen. In den Beispielen wird verdeutlicht, dass nur bei einer Multiplikation eine ungerade Zahl gleich schnell berechnet wird wie eine gerade Zahl. Bei allen anderen Rechenarten ist eine gerade Zahl schneller. Die Tests wurden mit verschiedenen Kombinationen ausprobiert. Die Beispiele verdeutlichen dies nur mit einem Zahlensatz.

Beispiel 1: Multiplikation = gleich schnell

```
10 P=1024:FORI=1TO1000:A=P*2:NEXT
10 P=1023:FORI=1TO1000:A=P*2:NEXT
```

Benchmark = jeweils 291

Beispiel 2: Division = gerade Zahlen sind schneller

```
10 P=1024:FORI=1TO1000:A=P/2:NEXT
10 P=1023:FORI=1TO1000:A=P/2:NEXT
```

Benchmark = 355 (oben) bzw. 365 (unten)

Beispiel 3: Addition = gerade Zahlen sind schneller

```
10 P=1024:FORI=1TO1000:A=P+2:NEXT
10 P=1023:FORI=1TO1000:A=P+2:NEXT
```

Benchmark = 251 (oben) bzw. 253 (unten)

Beispiel 4: Subtraktion = gerade Zahlen sind schneller

```
10 P=1024:FORI=1TO1000:A=P-2:NEXT
10 P=1023:FORI=1TO1000:A=P-2:NEXT
```

Benchmark = 248 (oben) bzw. 249 (unten)

11.27
SGN & INT

Wird SGN verwendet, kannst du dir die INT-Funktion sparen, da das Ergebnis immer 0, 1 oder -1 ist.

```
PRINTABS(SGN(INT(-4.6))) = 1
```

ist identisch mit

```
PRINTABS(SGN(-4.6)) = 1
```

11.28
INT(-X.X)

Die Integerfunktion verhält sich möglicherweise anders, als man erwarten könnte. Sie rundet alle Zahlen nach dem Komma ab, was zu Fehlkalkulationen führen kann.

```
PRINTINT(-1.23) = -2
```

Wenn man eine korrekte Rundung erwarten würde, etwa -1 statt der Abrundung, kann dies durch das Addieren von 0.5 erreicht werden, was gleichzeitig für eine korrekte Rundung sorgt.

```
PRINTINT(-1.23+.5) = -1
PRINTINT(-1.53+.5) = -2
```

11.29
Auf zwei Stellen runden

Eine kurze Formel, um eine Zahl mit Nachkommastellen auf zwei Stellen (finanztechnisch) zu runden, ist `INT(X*100+.5)/100`. Der Wert 1.234 wird zu 1.23, aber 1.235 wird zu 1.24.

11.30
TOGGLE 1/0, -1/0, -1/1

Soll eine Variable bei jedem Aufruf den Wert jedes Mal toggeln (zwischen zwei Werten wechseln), gibt es hierfür mehrere kurze Lösungen.

INFO: Vorab-Definition
Wird A vorher mit 1 oder 0 definiert, läuft nicht nur die Bearbeitung schneller, es ändert sich entsprechend des ersten Ergebnisses und somit auch alle folgenden Zahlen.

Mit 162 als Zähler lässt sich auch eine ungewöhnliche Schleife bauen, die immer wieder von 0 bis 255 zählt und dann neu startet.

Beispiel für TOGGLE 0/1:

```
10 FORI=1TO1000:A=1-A:NEXT
```

Benchmark = 241

Wird A vorher definiert, funktioniert das etwas schneller:

```
9 A=0
10 FORI=1TO1000:A=1-A:NEXT
```

Benchmark = 236

Beispiel für TOGGLE 0/-1:

```
9 A=0
10 FORI=1TO1000:A=NOTA:NEXT
```

Benchmark = 213

```
10 FORI=1TO10:A=NOTA:PRINTA;:A=NOTA:PRIN
TA;:NEXT

RUN
-1  0 -1  0 -1  0 -1  0 -1  0 -1  0 -1
0 -1  0 -1  0 -1  0  1
```

Beispiel für TOGGLE 1/-1:

```
9 A=1
10 FORI=1TO1000:A=-A:NEXT
```

Benchmark = 168

Dabei muss A vorab mit 1 oder -1 definiert werden, ansonsten wäre A immer 0.

11.31 FOR NEXT = +1

Eine Schleife wie FORI=1TO100:NEXT hat zur Konsequenz, dass nach dem Ende der Schleife I den Wert 101 hat und nicht, wie man meinen könnte, nur 100. Der Interpreter weiß erst nach dem 100sten Durchlauf von NEXT, dass 100 überschritten wurde, und damit wird der Wert 101 der Variable beibehalten.

INFO: Auswirkung von STEP

Wird STEP im Einzeiler verwendet, ändert sich auch der finale Wert der Variable entsprechend der Steigerung durch den Zahlenwert hinter STEP.

11.31.1
FOR NEXT STEP-

Ein beliebter Weg, negative Werte mit einer FOR-NEXT-Schleife zu erhalten, ist die Nutzung von STEP-1. Wenn man die Schleife mit negativen Werten startet, kann man einige Zeichen einsparen.

```
10 FORI=9TO1STEP-1:PRINTI;:NEXT
```
= 28 Zeichen (20 gekürzt) [Benchmark = 784]

Umgestellt, deutlich kürzer und fast so schnell sieht es so aus:

```
10 FORI=-9TO-1:PRINT-I;:NEXT
```
= 24 Zeichen (17 gekürzt) [Benchmark = 803 bei 100 Durchläufen]

Fast genauso schnell läuft diese Funktion mit negativen Zahlen:

```
10 FORI=9TO1STEP-1:PRINT-I;:NEXT
```
= 29 Zeichen (21 gekürzt) [Benchmark = 779]

Hier umgestellt, deutlich kürzer und nur wenig langsamer:

```
10 FORI=-9TO-1:PRINTI;:NEXT
```
= 24 Zeichen (17 gekürzt) [Benchmark = 807]

```
10 FORI=9TO1STEP-1:PRINT-I;:NEXT
11 PRINT
20 FORI=-9TO-1:PRINTI;:NEXT
READY.
RUN
-9 -8 -7 -6 -5 -4 -3 -2 -1
-9 -8 -7 -6 -5 -4 -3 -2 -1
```

11.31.2
FOR NEXT Unendlich 0 → X

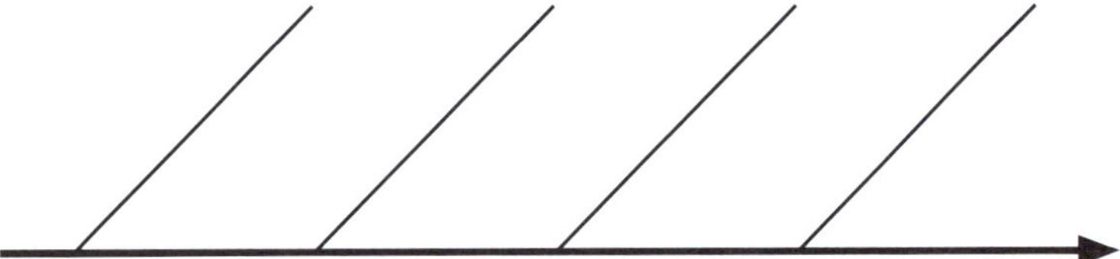

Um innerhalb einer Zeile eine Schleife so zurückzusetzen, dass sie unendlich lange weiterläuft, gibt es einen simplen Trick. Jedoch besteht gerade bei Einzeilern oft das Problem, dass vor der Schleife Befehle stehen, die nur einmal ausgeführt werden sollen.

Im folgenden Beispiel wird eine typische Schleife gezeigt, die nach ihrem Durchlauf von vorne beginnen soll, üblicherweise durch einen Sprung an den Anfang der Zeile.

```
10 A$="*":FORI=1TO39:A$=A$+A$:NEXT:PRINTA$:
   FORI=0TO8:PRINTI;:NEXT:GOTO10
```

Jetzt würden 40 * in A$ gepackt und ausgegeben werden, danach die Zahlen 0 bis 8, und dann startet das Ganze von vorne. Soll A$ aber nur ein einziges Mal erstellt werden, würde das mit GOTO10 nicht funktionieren.

```
10 A$="*":FORI=1TO39:A$=A$+A$:NEXT:
   FORI=0TO8:I=IAND7:PRINTI;:NEXT
```

Die Lösung hier ist eine WAHR/UNWAHR-Prüfung (Bedingung), die I wieder auf 0 setzt, sobald I den Wert 8 erreicht hat und so durch das NEXT die Schleife wieder neu startet. PRINTI; kann gegen einen anderen Code ausgetauscht werden, der dann unendlich wiederholt wird. Für andere Werte der Schleife muss die 8 an beiden Stellen ausgetauscht werden.

Der folgende Trick funktioniert aufgrund der booleschen Mechanik nur mit 2er Potenzen: FORI=8, 16, 32, 64 usw. zusammen mit = IAND7, 15, 31, 63 usw. Die Zahl nach AND muss immer 1 kleiner sein als der Endwert der Schleife. Mit dem kleinen, aber feinen Zusatz I=IAND7 läuft die zweite Schleife unendlich, während die erste Schleife unberührt bleibt.

```
10 FORI=0TO8:I=IAND7: --- :NEXT
```

11.31.3 FOR NEXT Unendlich -X → -1/0

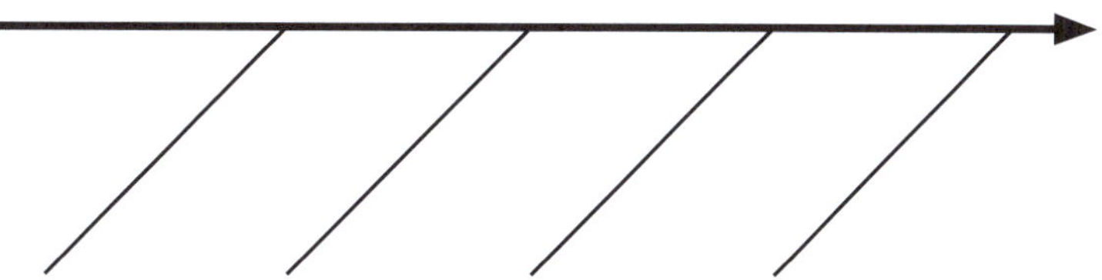

Eine Schleife, die mit STEP- bis zum Wert -1 laufen soll, kann folgendermaßen ins Unendliche laufen:

```
10 FORI=-8TO0:I=I+(I=0)*8: --- :NEXT
```

```
10 FORI=-8TO0:I=I+(I=0)*8:PRINTI;:NEXT
READY.
RUN
-8 -7 -6 -5 -4 -3 -2 -1 -8 -7 -6 -5 -4 -
3 -2 -1 -8 -7 -6 -5 -4 -3 -2 -1 -8 -7 -6
 -5 -4 -3 -2 -1 -8 -7 -6 -5 -4 -3 -2 -1
-8 -7 -6 -5 -4 -3 -2 -1
```

Für andere Werte der Schleife muss die 8 an beiden Stellen ausgetauscht werden.

Wenn die Werte bis 0 laufen sollen, musst du nur die 0 gegen eine 1 getauscht werden. Da die 1 im positiven Bereich steht, wird jetzt bis zur 0 gezählt.

```
10 FORI=-8TO1:I=I+(I=1)*9: --- :NEXT
```

```
10 FORI=-8TO1:I=I+(I=1)*9:PRINTI;:NEXT
READY.
RUN
-8 -7 -6 -5 -4 -3 -2 -1  0 -8 -7 -6 -5 -
4 -3 -2 -1  0 -8 -7 -6 -5 -4 -3 -2 -1  0
 -8 -7 -6 -5 -4 -3 -2 -1  0 -8 -7 -6 -5
-4 -3 -2 -1
```

11.31.4 FOR NEXT Unendlich -X → 0 → X

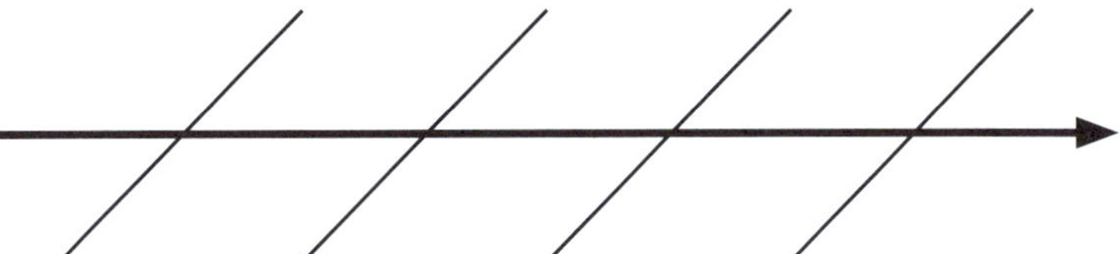

Wenn eine Schleife einmal zwischen zwei Werten schwingen soll, dann ist dies eine passende Lösung:

```
10 FORI=-8TO9:I=17*(I=9)+I: --- :NEXT
```

```
10 FORI=-8TO9:I=17*(I=9)+I:PRINTI;:NEXT
READY.
RUN
-8 -7 -6 -5 -4 -3 -2 -1  0  1  2  3  4
5  6  7  8 -8 -7 -6 -5 -4 -3 -2 -1  0  1
  2  3  4  5  6  7  8 -8 -7 -6 -5 -4 -3
-2 -1  0  1
```

Für andere Werte der Schleife muss die 17 gegen die Summe aus dem niedrigsten und dem höchsten Wert ausgetauscht werden, die 9 bei (I=9) entsprechend dem höchsten positiven Wert.

11.31.5
FOR NEXT Unendlich
-X→0→X←0←-X

Die hier vorgestellte Lösung demonstriert eine Pendelfunktion:

```
10 FORI=-16TO16:I=I+32*(I=16):PRINTI*
   SGN(I)-8:NEXT
```

Diese Zeile erzeugt ein einfaches Zick-Zack-Muster, das zwar simpler umsetzbar ist, aber zur Veranschaulichung des Konzepts dient. Die Besonderheit hier liegt in der Anpassung des Schleifenindex I innerhalb der Schleife, um die Richtung der Pendelbewegung zu ändern, sobald I den Wert 16 erreicht.

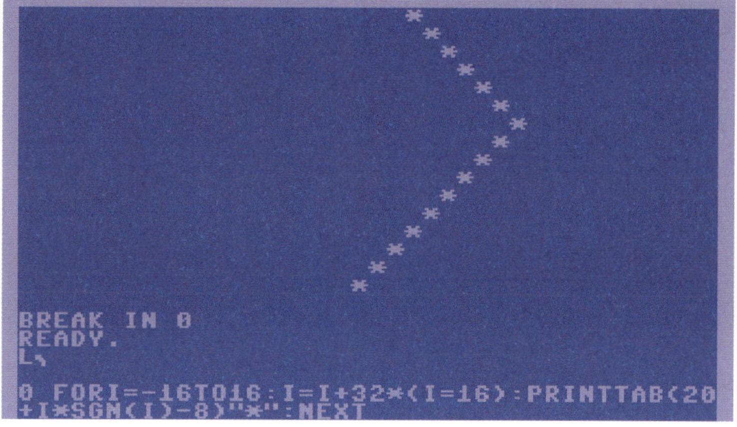

Für andere Werte muss die 16 getauscht und anstelle der 32 der positive Gesamtwert von beiden FOR-TO-Werten ergeben.

Anzumerken ist, dass diese Formel nur funktioniert, wenn die Maximalwerte in beide Richtungen identisch sind!

11.31.6
FOR NEXT Unendlich
X→Y→X→Y→X

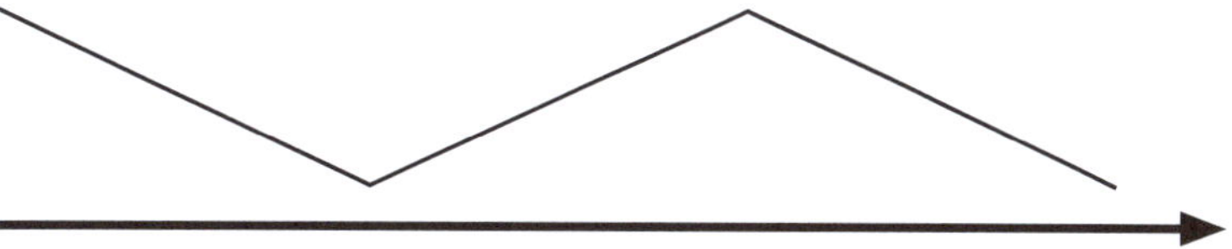

```
0fori=-4to5:i=i+8*(i>4):?10+abs(i):next
```

11.32 Infinite Schleifen ohne GOTO

Eine elegante Methode, um eine unendliche Schleife zu erstellen, besteht darin, STEP in einer FOR-NEXT-Schleife zu nutzen.

```
10 FORI=.TO1STEP.:CODE:NEXT
```

Durch STEP. wird der Wert 1 nie erreicht, wodurch eine unendliche Schleife erzeugt wird, bei der das NEXT immer wieder zum FOR zurückkehrt.

11.33 XOR/EOR/EXOR Exklusiv-Oder

Da es nur OR und AND gibt, wird eine Lösung gesucht, um *Exklusiv-Oder (EOR)* abbilden zu können. Hier ist die kürzeste und schnellste Version, die ich finden konnte:

```
X=(AORB)-(AANDB)
```

11.34 LIST im Programm

Eigentlich gibt es keine Programmfortsetzung nach dem Aufruf von LIST, egal ob im Direktmodus oder in einer Programmzeile. Mit dem folgenden Trick ist es dennoch möglich:

```
10 POKE768,61:SYS42980,LIST:POKE768,139
20 PRINT"HELLO WORLD"
```

Wenn du das Programm startest, wird HELLO WORLD nach dem Listing des Programms auf dem Bildschirm angezeigt.

TIPP: LIST mit Parametern
Hinter LIST können wie im Direktmodus alle Parameter aufgeführt werden, wie zum Beispiel LIST 10-100.

11.35 LOAD"*",8

Ähnlich wie bei LIST kann man auch ein Programm laden, das unmittelbar nach dem Laden ausgeführt wird. Ein vorangestellter POKE-Befehl sorgt für dieses Verhalten.

```
10 POKE44,PEEK(46)+1:SYS42980,LOAD"*",8:
   POKE769,227
```

Anstelle des Asterisks * kann ein Programmname mit den üblichen Namenskonventionen eingegeben werden.

INFO: Der Asterisk *
Der * repräsentiert den zuletzt genutzten Dateinamen und steht direkt nach einem Reset für das erste Programm einer Diskette.

11.36 Save & Replace

Um eine Datei auf einer Diskette zu ersetzen, ohne sie zuerst löschen und dann neu speichern zu müssen, kann das folgende Befehlsformat verwendet werden: `SAVE"@0:TEST",8` oder auch mit `SAVE"@0:"+TEST$,8`. Dazu muss vorher der Name der Datei in `TEST$` abgelegt sein. Hier der vollständige Befehlssatz:
`SAVE "@0:"+NAME$,DEVICE#,COMMAND#`

Das funktioniert meistens auch nur mit dem `@` ohne die `0`. Lesenswert zu diesem Thema ist der Text zum Replace-Bug unter https://www.c64-wiki.de/wiki/REPLACE

11.37 ASCII > Bildschirmcode

Da der ASCII-Code anders ist als der Bildschirmcode, z. B. ab Adresse 1024, braucht man die entsprechenden Werte. Die folgende Zeile definiert die passende Funktion.

```
DEFFNAB(A)=A+33*(A=255)+64*(A>63)+32*(A<96)-
32*(A<160)+64*(A>191)
```

Die Funktion `FNAB(X)` liefert dann den ASCII-Code `X` als Bildschirmcode und `FNAB(ASC("X"))` den Bildschirmcode des Zeichens `X`.

Lies dazu auch diese interessanten Beiträge:

- Bildschirmcode:
  https://www.c64-wiki.de/wiki/Zeichen#Bildschirmcodes_des_C64
- PETSCII:
  https://www.c64-wiki.de/wiki/PETSCII
- ASCII:
  https://de.wikipedia.org/wiki/American_Standard_Code_for_Information_Interchange

Im Anhang findest Du Tabellen mit Codes.

11.38 Bildschirmcode > ASCII

Es geht auch in die umgekehrte Richtung. So rechnest du Bildschirmcode in ASCII-Code um:

```
DEFFNBA(B)=B+64+64*(B<64ANDB>31)
+32*(B<96ANDB>63)
```

Dabei ist `FNBA(X)` der ASCII-Code zum Bildschirmcode `X` und `CHR$(FNBA(X))` das Bildschirmcodezeichen.

11.39
Zeile löschen

Mit POKE781,X (angefangen mit 0 als erste Zeile), direkt gefolgt von SYS59903, kann man eine komplette Zeile löschen.

11.40
Löschen von Bildschirmzeilen

Mit der Anweisung POKE781,Z-1:SYS59903 lässt sich sehr schnell eine Zeile auf dem Bildschirm löschen. Z bezeichnet die Zeilennummer, die gelöscht werden soll.

11.41
Kopieren von Bildschirmzeilen

Mit der folgenden Zeile kannst du einfach und sehr schnell eine beliebige komplette Zeile des Bildschirms an eine andere Stelle kopieren.

```
POKE781,B-1:SYS59888:POKE172,PEEK(60655+V):
POKE780,PEEK(215+V):SYS59848
```

V ist die Zeilennummer des Ursprungtextes, und B bezeichnet, wohin sie kopiert werden soll.

11.42
Bildschirm-Textfarbe ändern

Mit diesem cleveren Trick lässt sich die Farbe der gesamten sichtbaren Textzeichen auf einmal ändern:

```
POKE648,224:POKE53281,A:?"{Color A}{SHIFT CLR}":
POKE648,4:POKE53281,B:?"{Color B}"
```

Color A repräsentiert das Tastenkürzel für die Farbe, die die aktuelle Zeichenfarbe ersetzen soll, und Color B steht für die Farbe, die anschließend verwendet werden soll. Im Beispiel stehen [CTRL]+[1] für A (Schwarz) und [CTRL]+[2] für B (Weiß).

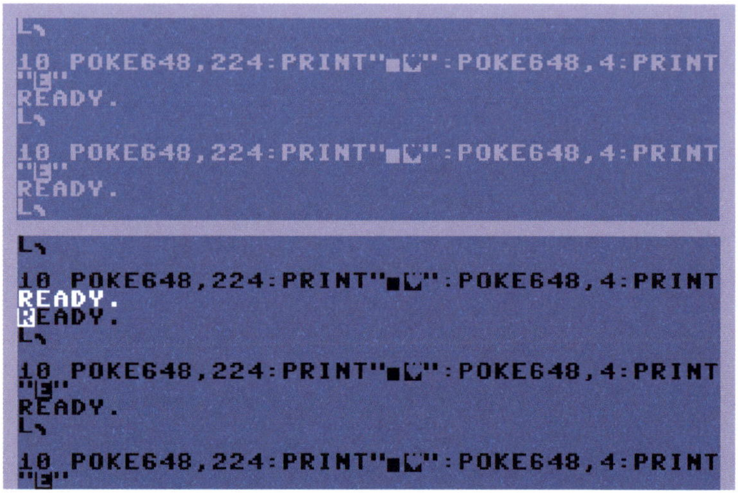

```
10 POKE648,224:PRINT"■▣":POKE648,4:PRINT
""
READY.

10 POKE648,224:PRINT"■▣":POKE648,4:PRINT
""
READY.
```

```
10 POKE648,224:PRINT"■▣":POKE648,4:PRINT
READY.
READY.

10 POKE648,224:PRINT"■▣":POKE648,4:PRINT
""
READY.

10 POKE648,224:PRINT"■▣":POKE648,4:PRINT
""
```

Der obere Teil zeigt die Standardfarben, der untere, was nach RUN passiert. Das [CLR/HOME] ist notwendig, um den Effekt auf den gesamten Text anzuwenden, doch der Inhalt wird nicht gelöscht!

11.43 Kleinschrift per Steuerzeichen

Mit einem einfachen Trick kann man deutlich Zeichen sparen, um die Umschaltung auf Kleinschrift zu provozieren: einfach über ein PRINT, was ja schon in der Zeile vorkommen kann. Der Trick besteht darin, ein negatives N zwischen die Anführungszeichen zu setzen.

Beispiel: Gib zuerst ?"" ein. Dann löscht du mit DEL das zweite Anführungszeichen ", drückst [CTRL] + [9] (um den Reverse Mode einzuschalten), tippst dann [N] ein und jetzt die zweiten ". Mit [RETURN] wird die Eingabe übernommen und der Bildschirm umgeschaltet.

Verwendest du stattdessen [SHIFT]+[N], dann wird die Großschreibung wieder aktiviert. Gekürzt sind es so nur vier Zeichen oder, wenn es in einem PRINT benutzt werden kann, sogar nur ein einziges Zeichen. CHR$(14) braucht hingegen gekürzt sechs Zeichen.

TIPP: Sonderzeichen schneller eingeben
Mit dem *CBM prg Studio* können Sonderzeichen wie das Reverse N einfach mit F4 eingefügt werden: bei den Screen Codes den Reiter *Key Codes* auswählen und den entsprechenden Code wählen. Alternativ kann man den Code auch als Zahl eingeben. Im konkreten Fall wäre dies {$0E}.

11.44 PRINT ohne Umbruch

Es gibt eine POKE-freie Lösung, um in die unterste rechte Ecke mit PRINT ein Zeichen zu setzen, ohne dass der Bildschirminhalt nach oben verschoben wird, weil nach dem PRINT an einem Zeilenende immer auch ein Umbruch erfolgt und eine neue Zeile eingefügt wird:

Drucke das letzte Zeichen (was auch ein Wort oder Satz sein kann, dessen letzter Buchstabe) an die *vorletzte* Bildschirmposition (im Beispiel ein B). Dann setzt du den Cursor mit [Cursor links] zurück auf die Position dieses Zeichens, schiebst mit Drücken auf [INSERT] das letzte Zeichen in seine Position ganz unten rechts und fügst dann das vorletzte Zeichen ein (im Beispiel das C). Mit [HOME] kommst du wieder ganz nach oben. Das funktioniert übrigens auch mit jeder anderen Zeile. Probiere es einfach aus.

```
10 FORI=0TO23:PRINT:NEXT:PRINTTAB(38)
   "B{Cursor links}{INST}C{HOME}"
```

11.45
Joystickabfrage 1

Mit PRINTFNJOY(X) kann der Zustand des Joysticks X (1 oder 2) abgefragt werden. Das Ergebnis ist eine Zahl von 1 bis 6, die folgende Bedeutung hat: 1 = Nullstellung, 2 = oben, 3 = unten, 4 = links, 5 = rechts und 6 = Feuer.

```
10 DEFFNJOY(X)=INT((LOG(255.5-PEEK(56322-X)
   OR224)))/LOG(2)+2)
```

11.46
Joystickabfrage 2

Eine alternative Variante der Joystickabfrage ist dieser smarte Einzeiler:

```
10 POKE56322,224:J=PEEK(56320):PRINTJ:GOTO 10
```

TIPP: Port 2 abschalten

Um Konflikte zu vermeiden, die durch die gemeinsame Nutzung der CIA-Leitungen für Tastatur und Joystick entstehen können, ist die Verwendung von Port 2 für den Joystick empfehlenswert. Deshalb sollte die Tastatur mit dem Befehl POKE56322,224 vorübergehend deaktiviert werden. Nach der Joystick-Abfrage kann die Tastatur dann wieder mit POKE56322,255 aktiviert werden.

11.47 Passwortschutz

Mit der folgenden Zeile kannst du einen sehr simplen Passwortschutz in dein Programm einbauen. Wo CODE steht, kommt eine beliebige Zahlenkombination hin.

Anstelle von `SYS64738`, das einen Reset auslöst, kannst du auch `GOTO` schreiben, damit die Abfrage sofort erneut gestartet wird.

```
0 POKE800,100:POKE819,245:INPUT
  "CODE";A:IFA<>CODETHENSYS64738
```

11.48 Langsame Bildschirmausgabe

Um die Geschwindigkeit der Bildschirmausgabe auf etwa die Hälfte der normalen Geschwindigkeit zu reduzieren, kannst du den Befehl `SYS65001` verwenden. Um zur ursprünglichen Geschwindigkeit zurückzukehren, verwende `SYS65002`.

11.49 16 Funktionstasten abfragen

Mit diesem genialen Trick kannst du ganz ohne `IF-THEN`-Abfrage bis zu 16 Funktionstasten abfragen:

```
DEFFN(X)=(X>2)*(X<7)*(((X-3-(X<4)*4)*2)
+(Y=0ORY=2))-(Y>1)*8)
```

Mit der folgenden Zeile fragst du dann die Tasten ab:

```
10 X=PEEK(197):Y=PEEK(653):IFFN(X)=0GOTO10
```

In `X` steht der Wert für die folgenden Kombinationen:

(F1),(F3),(F5),(F7)
(SHIFT) (F2),(F4),(F6),(F8)
(CBM) (F9),(F11),(F13),(F15)
(CTRL) (F10),(F12),(F14),(F16)

11.50 Weiter mit Feuerknopf

`WAIT56465,16,16` hält ein Programm an, bis der Feuerknopf des Joysticks in Port 1 gedrückt wird. Um das Programm bei einem Druck des Feuerknopfs am Joystick in Port 2 anzuhalten, verwendest du `WAIT56464,16,16`.

11.51 BASIC-Programm UNDO nach NEW oder RESET

Wichtig ist, dass die folgende Zeile sofort nach dem `NEW` oder nach einem Reset eingegeben werden muss, ohne dass vorher eine weitere BASIC-Zeile geschrieben oder zum Beispiel eine Variable gesetzt wurde.

```
POKE2050,8:SYS42291:POKE46,PEEK(35)-(PEEK(781)
>253):POKE45,PEEK(781)+2AND255:CLR
```

Unmittelbar nach dieser Aktion ist es am sichersten, das Programm sofort unter einem neuen Namen zu speichern.

11.52 Mehr DATAs in einer Zeile

Ein Trick ermöglicht es, DATA-Werte ganz ohne die Verwendung von Kommas und dem DATA-Befehl zu nutzen. Ob dieser Ansatz in Bezug auf die Anzahl der Zeichen effizient ist, hängt von der Anzahl der Daten ab, die du verwenden möchtest, sowie davon, ob diese mehrstellig sind, da in einem solchen Fall zusätzliche Trenner notwendig wären.

```
DATA1,2,3,4,5,6,7,8,9,0,1,2,3,4,5,6,7,8,9,0,1,
2,3,4,5,6,7,8,9,0
```

= 63 Zeichen

Das wäre die kürzere Alternative ohne Kommata:

```
DATA123456789012345678901234567890
```

= 30 Zeichen

Diese Vorgehensweise ist recht raffiniert: Es wird die Tatsache genutzt, dass BASIC-Code im Speicher ab Adresse 2058 beginnt und mittels PEEK ausgelesen werden kann. Hier ein einfaches Beispiel, bei dem lediglich die Zahlen von DATA aufsummiert und das Ergebnis ausgegeben wird:

```
10 FORI=0TO29:A=A+PEEK(2083+I)-48:NEXT:
   PRINTA:123456789012345678901234567890
```

Die Schlüsselzahlen in diesem Code sind 29, 48 und 2083. Die Zahl 29, wenn man die 0 der FOR-NEXT-Schleife hinzuzählt also 30, gibt die Anzahl der Zeichen in den DATA-Daten an. Vom Wert 48 wird der gelesene Zeichenwert subtrahiert, um mit der tatsächlichen Zahl zu rechnen. Der Wert 2083 muss jedes Mal angepasst werden, wenn ein Zeichen in der BASIC-Zeile hinzugefügt oder entfernt wird.

Die Ersetzung beispielsweise der Zahl 29 durch 30 verändert nicht die Positionen der Zeichen im gesamten Code. Solltest du die Zeile mit END, REM oder X=: ergänzen, um Syntaxfehler zu vermeiden, verschiebt sich die erste Ziffer der DATAs auf dem

Bildschirm um vier Zeichen nach rechts, aber im Speicher nur um zwei Stellen bei Verwendung von END und nur um eine Stelle bei REM. Das liegt daran, dass die Befehle als Token gespeichert werden, die nur ein Byte groß sind, und der Doppelpunkt ebenfalls nur ein Byte beansprucht (entspricht zwei Zeichen auch bei Zuweisungen wie A=). Daher muss der Wert 2083 bei Hinzufügung von END: auf 2085 angepasst werden, damit das Programm fehlerfrei läuft.

```
10 FORI=0TO29:A=A+PEEK(2085+I)-48:NEXT:
   PRINTA:END:123456789012345678901234567890
```

Um die DATA-Anweisungen an den Anfang der Zeile zu setzen und dennoch den Code dahinter ohne Fehlermeldung ausführen zu lassen, ist der einfachste Weg, eine Variable zu verwenden. Entsprechend muss die PEEK-Abfrage verändert werden.

```
10 A=12345678901234567890
```

11.53 RESTORE → RUN

Aus einem meiner Einzeiler und dank der Hilfe des Facebook-Forums *Commodore 64 BASIC* (https://www.facebook.com/groups/2357171644533863), insbesondere durch Simon, habe ich erfahren, dass man anstelle von RESTORE, eventuell in Kombination mit einem GOTO, um bereits eingelesene DATA-Daten erneut zu lesen, auch den Befehl RUN verwenden kann, da dadurch alle Zeiger/Pointer ebenfalls zurückgesetzt werden.

```
0 DATA13,2,14,:READR:POKE780,64+R:POKE88,227:
  POKE89,7:POKE114,5:POKE12,1:SYS45764:ON-(R>0)
  GOTO:RUN
```

Damit erfolgt ein Neustart der Zeile, und es wird der OUT-OF-DATA-Error vermieden.

11.54 Modifizierer und ausführender Code

Das folgende Code-Beispiel zeigt dir eine gute Möglichkeit, wie du deinen Code manipulieren und einen anderen Code ausführen kannst:

```
1 ?"{CLR/HOME}1fOI=1TO10:?I;:nE:lI":?
  "2END":?"rU"
2 pO631,19:pO632,13:pO633,13:pO634,13:pO198,4
```

In Zeile 1 wird mit dem SYS der Cursor oben links platziert. Damit der neue Code auch oben links ausgegeben wird, muss das erste Zeichen nach PRINT entweder [HOME] (wenn der Bildschirm leer ist bzw. zumindest die ersten drei Reihen leer sind) oder [CLR/HOME] sein. Als nächstes werden dann die beiden neuen Zeilen 1 und 2 dargestellt.

In Zeile 2 sind Tasteneingaben simuliert. Mit POKE198,X wird die Anzahl der Eingaben im Tastaturpuffer eingetragen.

Im nachfolgenden Bildschirmfoto ist der ursprüngliche Code unterhalb der Mitte und der neue Code oben gut zu erkennen. Würdest du jetzt LIST eingeben, dann erscheint nur der neue Code. Das funktioniert übrigens auch mit abgekürzten Befehlen in der Textausgabe.

```
2END
R
 1  2  3  4  5  6  7  8  9  10
1 FORI=1TO10:PRINTI;:NEXT:LIST
2 END
READY.

1 PRINT"1FI=1TO10:?I;:N:L":PRINT"2EN
D":PRINT"R"
2 POKE631,19:POKE632,13:POKE633,13:POKE6
34,13:POKE198,4
```

11.55 Rasterinterrupt

Um den Grafikaufbau zu steuern, kannst du den Rasterinterrupt effektiv einsetzen. Mit WAIT 53265,128 wird das Programm angehalten und erst fortgesetzt, wenn das nächste Interrupt ausgelöst wird:

```
1 PRINT"♥":FORN=0TO24:PRINT"SCROLL TEXT";
  :IFN<24THENPRINT:NEXT
2 FORN=7TO0STEP-1:POKE53265,(PEEK(53265)
  AND240)ORN:NEXT:GOTO2
```

Damit scrollt der Text schon sehr schön. Doch noch etwas schöner wird es, wenn die Zeile um `WAIT53265,128` ergänzt wird. Damit wird gewartet, bis das Interrupt den Wert 128 erreicht hat und dann der nächste ausgelöst wird.

```
2 FORN=7TO0STEP-1:POKE53265,(PEEK(53265)
  AND240)ORN:
WAIT53265,128:NEXT:GOTO2
```

Um den Effekt zu sehen, probiere es einfach aus. Dann sollte der Unterschied sichtbar werden. Eine detaillierte Erklärung und das Beispiel findest du hier: https://www.c64-wiki.com/wiki/53265.

11.56
VICE doppelt fix

Wenn du im *VICE* die Funktion *Sound playback* ausstellst, wird der Warpmodus gleich doppelt so schnell.

11.57
Selten genutzte Symbole

Es gibt vier Symbole, die recht selten in BASIC verwendet werden, da sie nicht als Zeichen auf der Tastatur vorhanden sind und auch in vielen Character-Listen nicht auftauchen. Der Screenshot zeigt dir, wie sie aufgerufen und verwendet werden können. Sichtbar werden sie bei Direkteingabe nur im Kleinschriftmodus.

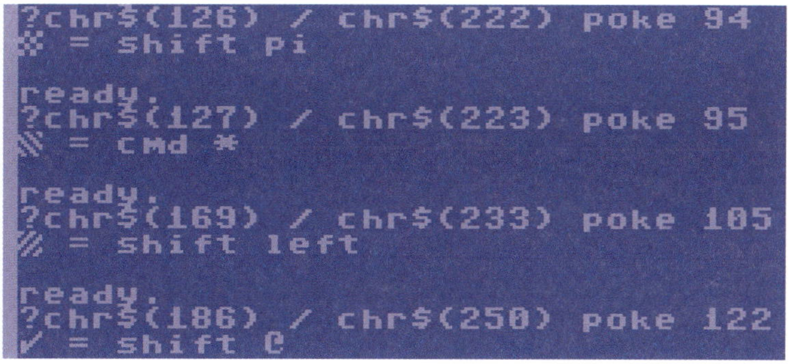

Speed

Mir ist bewusst, dass dieses Buch eher von BASIC-Einsteigern und weniger von Profis gelesen wird. Daher liste ich hier alle Möglichen, also auch sehr simple Tipps auf, die manch einem möglicherweise schon bekannt oder gar offensichtlich sind – vielen anderen aber eben auch nicht.

Hier eine Zusammenfassung von Regeln, die das Augenmerk auf Geschwindigkeit haben:

- möglichst die maximale Zeilenlänge ausnutzen
- grundsätzlich Fließkomma-Variablen verwenden und -Integer vermeiden, außer für Arrays
- wenn möglich immer einstellige Zahlen als Konstanten einbauen, da diese schneller intern in Fließkomma umgerechnet werden, als sie in der Variablen-Tabelle gefunden werden
- möglichst alle Schleifen mit `FOR NEXT` realisieren (egal ob endlose oder mit Bedingungen)
- alle überflüssigen Zeichen weglassen, zum Beispiel auch Variablennamen mit mehr als zwei Zeichen
- alle Variablen mit `DIM` anlegen (die häufigst verwendeten Variablen zuerst)
- Stringvariablen geringhalten und nicht mit String-Konstanten neu zuweisen
- von einer Schleife unabhängige Berechnungen und das Ergebnis in Schleifen nutzen
- nicht mehr benötigte Stringvariablen einen Leer-String zuweisen
- arithmetisch optimieren, zum Beispiel `A*A` statt `A^2`
- Vorberechnungen in Tabellen, zum Beispiel Bitwerte statt Exponentialberechnungen

TIPP: Zeilen kürzen mit Tipps & Tricks
Beachte auch die Tipps aus dem vorherigen Kapitel (falls Du diese übersprungen hast), da ein paar Tipps eine Code-Zeile nicht nur kürzen, sondern auch deren Ausführung schneller machen.

Benchmarking / Zeitmessung im Buch

Falls in einem Tipp nicht anders beschrieben, erfolgt das Benchmarking folgendermaßen:

```
1 T=TI
10 FORI=1TO100:FUNKTION:NEXT
11 PRINTTI-T
```

TI gibt in Jiffies, also 1/60 Sekunde, bessere Werte als nur durch TI$, was die Angaben in Sekunden macht. Bei den meisten Tests reicht eine Schleife von 100 meist völlig aus. Da dies sehr häufig verwendet wird, sind diese „Mess-Zeilen" nur selten in den Beispielen dargestellt.

Grundsätzliche Tipps

So wenig manche der folgenden Tipps auch Einzeiler betreffen, so seien sie hier doch der Vollständigkeit halber erwähnt.

Zeilensprünge

Alles, was oft gelesen oder angesprungen werden muss, sollte ganz am Anfang eines Programms stehen. Dazu gehören DATA und Subroutinen, die mit GOTO oder GOSUB angesprungen werden. Schau dir dazu auch den Abschnitt 12.28, *FOR NEXT vs. IF THEN GOTO,* und die beiden darauffolgenden Abschnitte an.

Variablen und Arrays

Deklarationen von Variablen und Arrays werden der Ordnung halber gerne ganz am Anfang gesetzt. Sinnvoller ist es aber, in der ersten Zeile mit einem GOTO/GOSUB in die letzte Zeile oder eine der letzten Zeilen zu springen, sie dort einzufügen und von dort aus mit einem GOTO/RETURN zum Programmcode zurückzuspringen. So nehmen diese keine Programmzeile(n) am Anfang ein, wo Subroutinen stehen sollten, und so können alle Variablen ebenfalls leicht gefunden werden, weil sie am Ende des Programms stehen. Dort lässt sich auch leichter eine weitere Zeile einfügen, wenn noch zusätzliche Variablen gebraucht werden.

DATAs werden auch nach einem GOTO gefunden, weil der Interpreter-Parser nach READ das Programm von Anfang an nach dem ersten DATA durchsucht. Daher ist es logisch, DATA-Zeilen möglichst an den Anfang eines Programms zu setzen, um den Startvorgang zu beschleunigen.

12.1 Kurze Zeilennummern

Kürzere Zeilennummern sind schneller. Ob die erste Zeilennummer 10 oder 60 ist, hat keine Auswirkung auf die Geschwindigkeit. Es macht aber sehr wohl einen Unterschied, an wievielter Stelle eine Zeile steht. Würde im folgenden Beispiel die erste Zeilennummer 60 sein, ist die Geschwindigkeit gleich schnell wie mit der 10 am Anfang.

```
10 A=A+1:IFA<999GOTO10
```

Benchmark = 515

```
10 REM
20 REM
30 REM
40 REM
50 REM
60 A=A+1:IFA<999GOTO60
```

Benchmark = 543

Bei `GOTO10` wäre es mit Benchmark 615 sogar noch langsamer.

12.2 Schnelleres BASIC: Bildschirmausgabe ausschalten

Der C64 rechnet schneller, wenn der Bildschirm ausgeschaltet ist bzw. der VIC abgeschaltet wird. Eine Zeitersparnis von gut 10% ist damit möglich. `POKE53265,PEEK(53265)AND239` schaltet den Bildschirm aus. Noch schneller ist `POKE53265,11`.

Mit `POKE53265,PEEK(53265)OR16` oder durch Drücken der STOP- und RESTORE-Tasten schaltest du ihn wieder ein, alternativ durch `POKE53265,27`. Siehe hierzu auch den Abschnitt 16.3 mit weiteren *PEEKs, POKEs, SYSs & WAITs*.

12.2.1 Schnelleres BASIC: Interrupt 1

Jede 1/60stel Sekunde wird ein IRQ ausgelöst, der die Tastatur abfragt und die Zeit erhöht und mit dem noch einige andere Dinge erledigt werden. Die Verarbeitung des Interrupts zweigt einen Teil der Rechenzeit ab. Wird der IRQ verhindert oder seltener ausgeführt, so kann dies jedes Programm beschleunigen. `POKE56333,1` stoppt den IRQ, während `POKE56333,129` ihn wieder frei gibt.

12.2.2 Schnelleres BASIC: Interrupt 2

`POKE788,52` verkürzt den Interrupt um die Abfrage der STOP-Taste und der internen Uhr. `POKE788,49` schaltet den Interrupt wieder auf den Standardwert.

12.2.3 Schnelleres BASIC: Timer A

POKE56325,X ändert die Interrupt-Abfragefrequenz des Timers A (High Byte). Je mehr man den Wert (0-255) erhöht, umso seltener wird das Interrupt ausgeführt, und umso schneller wird alles andere. Der Standardwert ist 52.

Wenn die Werte kleiner werden, kannst du diesen Umstand auch nutzen, um den Rechner langsamer zu machen, weil dann viel mehr Interrupts ausgelöst werden.

12.2.4 Schnelleres BASIC: ROM → RAM

Der Vollständigkeit halber sollte auch die Möglichkeit, BASIC aus dem ROM in das schnellere RAM zu kopieren, erwähnt werden. Im Internet findet man dazu viele Anleitungen. BASIC-Programme laufen dann etwa 3,5% schneller.

Es gibt drei Varianten, die sich in Geschwindigkeit und Funktionsumfang unterscheiden.

1. Hier die einfachste Version:

```
FORJ=40960TO49151:POKEJ,PEEK(J):NEXT:POKE1,54
```

2. Hier eine schnellere Methode:

```
10 POKE56334,.:POKE1,51:FORJ=88TO91:POKEJ,.:
   NEXT:POKE781,97:POKE782,.:SYS41971
11 POKE1,53:POKE648,204:SYS65374:SYS58692:
   POKE56576,4:POKE53272,54
```

3. Noch schneller ist die folgende Routine, die die systemeigene Massenverschiebemethode nutzt:

```
POKE95,0:POKE96,160:POKE90,0:POKE91,192:
POKE88,0:POKE89,192:SYS41919
```

Nach dem Ausführen eines der Beispiele gibt es folgende Konfigurationen:

POKE 1,55 Basic/Kernal-ROM/IO einblenden
POKE 1,54 Kernal-ROMIO einblenden, Basic im RAM
POKE 1,53 Kernal und Basic im RAM, IO einblenden
POKE 1,52 alles RAM einblenden (Interrupt sperren)
POKE 1,51 Kernal/Basic/Char-ROM einblenden (Interrupt sperren)
POKE 1,48 RAM einblenden (Interrupt sperren)

Den Interrupt kannst du mit POKE 56334,0 sperren und mit POKE 56334,1 einschalten.

Der IO-Bereich befindet sich ab 53248.

53248: VIC-Videokontroller
54272: SID-Soundchip
55296: COLOR-RAM
56320: CIA 1 + CIA2

12.3 DIMA%(1000)

Beim Anlegen von Arrays ist die Reihenfolge von entscheidender Bedeutung. Sollen sowohl Arrays und Variablen verwendet werden, so sollten Arrays nach den Variablen angelegt werden. Da im Speicher die Variablen vor den Arrays liegen, müssen alle Arrays nach hinten verschoben werden, sobald eine Variable angelegt wird, im folgenden Beispiel also sechsmal:

```
DIMS%(8000):A=1:B=2:C=3:D=4:E=5:F=6
```
Benchmark = 119
```
A=1:B=2:C=3:D=4:E=5:F=6:DIMS%(8000)
```
Benchmark = 14

12.4 Variablen wiederverwenden

Da der Interpreter bei jeder neuen Variable neuen Platz reserviert, kann es nach bisherigen Tests sinnvoll sein, Variablen wiederzuverwenden. Das Beispiel zeigt eine Variante, in der Strings gefüllt und dann ausgegeben werden.

```
1 FORA=1TO250:A$=A$+CHR$(TI+206-TI):NEXT
2 FORB=1TO250:B$=B$+CHR$(TI+206-TI):NEXT
3 FORC=1TO250:C$=C$+CHR$(TI+206-TI):NEXT
4 FORD=1TO250:D$=D$+CHR$(TI+206-TI):NEXT
5 PRINTA$B$C$D$
```
Benchmark = 807

Wird die gleiche Variable in den Schleifen wiederverwendet, geht es noch schneller:

```
1 FORA=1TO250:A$=A$+CHR$(TI+206-TI):NEXT
2 FORA=1TO250:B$=B$+CHR$(TI+206-TI):NEXT
3 FORA=1TO250:C$=C$+CHR$(TI+206-TI):NEXT
4 FORA=1TO250:D$=D$+CHR$(TI+206-TI):NEXT
5 PRINTA$B$C$D$
```
Benchmark = 792

12.5
A=0 vs. A=.

Jede kleine Optimierung hilft. Daher hier ein Tipp: Das Setzen einer Variable auf 0 ist deutlich schneller, wenn man anstelle der Null einen Dezimalpunkt verwendet. Das liegt daran, dass der Interpreter erst nach dem Punkt in einer Zahl sucht, um festzustellen, ob es eine Nachkommastelle gibt, und wenn ja, wie lang diese ist. Erst dann bestimmt er die Länge und den Wert der Zahl.

```
FORI=1TO1000:A=0:NEXT
```
Benchmark = 18
```
FORI=1TO1000:A=.:NEXT
```
Benchmark = 15

TIPP: Stringvariablen
Dieser Trick hilft nicht bei Stringvariablen. Um einen String zurückzusetzen, ist A$="" die schnellste Option. A$=Z$ und Z$ *ist leer* ist genauso langsam, wie wenn vorab Z$="" gesetzt würde.

12.6
NEXT A

Bei einer FOR-NEXT-Schleife muss die Variable des FOR nicht an das NEXT gehängt werden. Denn selbst in verschachtelten Schleifen wird jede Schleife erst abgeschlossen, bevor die übergeordnete Schleife fortfahren kann. Das spart nicht nur ein Zeichen, sondern auch die Ausführung ist deutlich schneller.

```
FORA=1TO1000:NEXTA
```
Benchmark = 80
```
FORA=1TO1000:NEXT
```
Benchmark = 63

12.7
NEXT A,B

NEXT:NEXT ist schneller als NEXTA,B. Beide Versionen sind in Kurzform gleich lang: nE:nE und nEB,A zählen je fünf Zeichen.

```
10FORA=1TO10:FORB=1TO10:NEXTB,A
```
Benchmark = 12
```
10FORA=1TO10:FORB=1TO10:NEXT:NEXT
```
Benchmark = 10

12.8
A vs. AA vs. AAA

Variablen mit nur einem Buchstaben werden schneller verarbeitet als solche mit zwei oder mehr Buchstaben. Deutlich bemerkbar macht sich das, wenn die Variable hinter dem NEXT steht.

```
10 FORA=1TO10000:NEXTA
```
Benchmark = 846

```
10 FORAA=1TO10000:NEXTAA
```
Benchmark = 883

INFO: Variablennamen
Variablennamen dürfen nicht länger als sieben Zeichen sein. Beachte auch, dass zumindest beim C64 alle Buchstaben bei Variablennamen, die länger als zwei Zeichen sind, nicht berücksichtigt werden! So ergibt sich bei AA=2 und AAA=3 über PRINTAA der Wert 3, da bei AAA das dritte A nicht berücksichtigt und so AA durch den neuen Wert von AAA überschrieben wird.

12.9 10er Exponenten

Die Schreibweise 2E5 statt 200000 ist nicht nur kürzer, sondern auch schneller, wie das nachfolgende Beispiel zeigt:

```
10 FORI=1TO100:A=2*200000:NEXT
```
Benchmark = 64

Mit Exponent:
```
10 FORI=1TO100:A=2*2E5:NEXT
```
Benchmark = 58

12.10 A=1:B=1

Wenn zwei Variablen denselben Wert erhalten sollen, ist es schneller, die zweite Variable durch Zuweisung des Werts der ersten zu setzen. Die erste Variable wurde direkt nach dem Parsen bereits im Speicher definiert und muss somit für die zweite Variable nicht erneut definiert werden.

```
FORI=1TO1000:A=1:B=1:NEXT
```
Benchmark = 278
```
FORI=1TO1000:A=1:B=A:NEXT
```
Benchmark = 256

12.11 A+-1

Es ist tatsächlich ein wenig schneller, einen negativen Wert zu addieren, als einen positiven Wert zu subtrahieren.

```
10 B=1:FORI=1TO5000:A=A-B:NEXT
```
Benchmark = 1161
```
10 B=-1:FORI=1TO5000:A=A+B:NEXT
```
Benchmark = 1154

Ich habe den Test mit verschieden großen Zahlen durchgeführt, und das Ergebnis stimmte in jedem Fall mit dem Beispiel überein.

12.12
π vs. 3

Pi ist gleich lang wie eine 3, nämlich nur ein Zeichen, ist aber deutlich schneller zu verwenden (falls der Nachkommawert nicht stört), da Pi eine Konstante ist und so vom Interpreter schneller gefunden und verarbeitet wird.

```
10 FORI=1TO1000:A=3:NEXT
```
Benchmark = 174
```
10 FORI=1TO1000:A=π:NEXT
```
Benchmark = 132

In einer Berechnung sollte Pi immer zuerst verwendet werden:

```
10 FORI=1TO100:A=3*π:NEXT
```
Benchmark = 36
```
10 FORI=1TO100:A=π*3:NEXT
```
Benchmark = 29

12.13
Besser multiplizieren 1

Bei einer Multiplikation ist darauf zu achten, dass die längere Zahl vorne steht.

```
10 FORI=1TO100:A=1234*5:NEXT
```
Benchmark = 54
```
10 FORI=1TO100:A=5*1234:NEXT
```
Benchmark = 56

Dabei ist wirklich die Rede von längeren, nicht von größeren Zahlen. So ist 3.14156 länger als 314.

TIPP: Zahlen positionieren
Aufgrund der Art und Weise, wie der Multiplikationsalgorithmus arbeitet, ist es immer schneller, den Wert, dessen Binärdarstellung weniger Einerbits hat, auf der rechten Seite zu platzieren. Da die Dezimalzahl 2 nur ein einziges Einerbit hat, im Vergleich zu Dezimalzahl 3 mit zwei Einerbits, ist es am schnellsten, wenn 2 auf der rechten Seite der Multiplikation steht.

12.14
Besser multiplizieren 2

Um die Ausführungsgeschwindigkeit zu optimieren, ist es vorteilhafter, zuerst den Festwert und dann die Variable in der Berechnung zu verwenden.

```
10 B=99:FORI=1TO100:A=B*1001:NEXT
```
Benchmark = 52

Ein wenig schneller läuft die Multiplikation, wenn die Reihenfolge getauscht wird:

```
10 B=99:FORI=1TO100:A=1001*B:NEXT
```

Benchmark = 50

12.15 Multiplizieren statt Potenzieren

Manche Rechenroutinen des BASICs sind recht ineffektiv. So wird zum Beispiel die Potenz A^2 nach der Formel A=E(2*ln 8) berechnet, was mathematisch korrekt ist, aber lange dauert, bis diese Routine fertig ist. Stattdessen kannst du auch einfach A*A statt A^2 und bei A^3 alternativ A*A*A schreiben, was auch genauer ist, da sich so keine Rundungsfehler ergeben.

```
10 FORI=1TO100:A=2^3:NEXT
```

Benchmark = 210

```
10 FORI=1TO100:A=2*2*2:NEXT
```

Benchmark = 47

12.16 Addieren statt Multiplizieren

Je nach Funktion kann eine einfache Addition schneller sein als eine Multiplikation:

```
10 B=100:FORI=1TO1000:A=B*2:NEXT
```

Benchmark = 291

```
10 B=100:FORI=1TO1000:A=B+B:NEXT
```

Benchmark = 212

12.17 Arithmetische Operationen: Schleifen

Versuche die Anzahl der arithmetischen Operationen zu reduzieren, insbesondere innerhalb einer Schleife, die schnell sein muss. Wenn es verschachtelte Schleifen gibt, können möglicherweise Teile der Berechnungen außerhalb der innersten Schleife durchgeführt werden. Nutze stattdessen z. B. auch DEF FN.

Als Benchmarktest verwende ich C=INT(27AND240OR7)*.5 als FORMEL1 und D=D+C als FORMEL2.

```
10 FORA=1TO100:FORB=1TO4:FORMEL1:FORMEL2:
   NEXT:NEXT
```

Benchmark = 489

Besser ist es, die lange Formel außerhalb zu berechnen (falls wie in diesem Fall der Wert für die zweite Formel nötig ist und sich nicht durch die Schleife ändern würde oder muss).

```
10 FORMEL1:FORA=1TO100:FORB=1TO4:FORMEL2:
   NEXT:NEXT
```

Benchmark = 120

12.18 Gemeinsame Basis

Wie im angeführten Beispiel ist es nur aus Geschwindigkeitsgründen sinnvoll, die Variable S einzuführen, da sie die Gemeinsamkeit für drei POKEs darstellt. Kürzer als einzelne POKEs ist es in diesem Beispiel jedoch nicht.

```
10 S=54272:FORI=1TO100:POKES+24,15:POKES+6,240:
   POKES+4,33:POKES+11,11:NEXT
```

Benchmark = 160

```
10 FORI=1TO100:POKE54296,15:POKE54278,240:
   POKE54376,33:POKE44283,11:NEXT
```

Benchmark = 228

Es gibt andere Fälle, in denen es sich von der Zeichenanzahl her rechnet, die Variable zu definieren.

12.19 Variablen und Festwerte

Ein Festwert wird vom System immer erst in eine Fließkommazahl umgewandelt, was zeitaufwendig ist und von der Anzahl der Ziffern abhängt. Das macht sich vor allem bei größeren Zahlen bemerkbar, weil es mehr Zeit braucht, die Zahl immer wieder neu zu interpretieren, als eine Variable zu nutzen, die schon im Speicher steht, nachdem sie einmal festgelegt wurde.

```
10 FORI=1TO1000:A=A+1:NEXT
```

Benchmark = 245

Mit vordefinierter Variable:

```
10 B=1000:FORI=1TOB:A=A+1:NEXT
```

Benchmark = 249

Wenn die Variable allerdings mehrfach zum Beispiel in einem mathematischen Kontext benutzt wird, dann sieht es schon anders aus:

```
10 B=1:FORI=1TO1000:A=A+B:NEXT
```

Benchmark = 227

12.19.1 Variablen und Festwerte 1

Zwei Variablen miteinander zu verarbeiten ist schneller als eine Variable mit einem Festwert. A=B+1 ist langsamer als B=1:C=1:A=B+C.

Beispiel 1:

```
10 B=1:FORI=1TO1000:A=B+1:NEXT
```

Benchmark = 235

```
10 B=1:C=1:FORI=1TO1000:A=B+C:NEXT
```

Benchmark = 216

Beispiel 2:

POKEn mit einem Festwert ist langsam:

```
10 FORI=1TO100:POKE53280,I:NEXT
```

Benchmark = 50

Mit einer Variable geht dies schneller:

```
10 P=53280:FORI=1TO100:POKEP+1,I:NEXT
```

Benchmark = 33

Es ist sogar schneller, wenn ein addierter Festwert dreistellig sein sollte:

```
10 P=53000:FORI=1TO100:POKEP+281,I:NEXT
```

Benchmark = 46

12.19.2 Variablen und Festwerte 2

Jene Zahl(en) beziehungsweise Variable(n), die am häufigsten im Programm verwendet werden, sollten der Häufigkeit nach zuerst im Code stehen.

```
10 G=1024:A=255:C=16
```

So werden die Zahlen vom Interpreter beim Abarbeiten der Zeile schneller gefunden. Schon im folgenden Beispiel macht es sich bemerkbar (der obere Einzeiler ist schneller als der untere):

```
10 C=16:G=1024:A=2000:FORI=1TOA:POKEG,C:NEXT
```

Benchmark = 436

```
10 G=1024:A=2000:C=16:FORI=1TOA:POKEG,C:NEXT
```

Benchmark = 441

12.19.3 Variablen und Festwerte 3

Vordefinierte Variablen erhöhen deutlich die Geschwindigkeit. Als exemplarische Aufgabe werden die nächsten Beispiele 500-mal das Zeichen A hintereinander darstellen.

```
10 POKE1024+A,1:POKE55296+A,14
20 A=A+1:IFA=500THENEND
30 GOTO10
```

Benchmark = 810

Mit vordefinierten Variablen geht es schneller:

```
10 A=0:B=500:P=1024:V=55296:C=1:D=14
20 POKEP+A,C:POKEV+Z,D:A=A+1:IFA=BTHENEND
30 GOTO20
```

Benchmark = 433

In Schleifen mit aneinandergereihten Druckanweisungen ist PRINT viel schneller als POKE. Dafür sind folgende Änderungen erforderlich:

```
10 A=0:B=500
20 PRINTCHR$(65);:A=A+1:IFA=BTHENEND
30 GOTO20
```

Benchmark = 315

12.20 Vaiablen und Array-Variablen

Alle Array-Variablen werden in einem separaten Teil des RAMs gespeichert, direkt nach den normalen Variablen. Das bedeutet, dass jedes Mal, wenn eine neue normale Variable verwendet wird, der gesamte Speicherbereich der Array-Variablen im Speicher nach hinten verschoben werden muss. Das kostet Zeit. Daher ist es empfehlenswert, zuerst alle Nicht-Array-Variablen zu initialisieren.

```
1 A=500:B=256:DIMC(1024)
```

12.21 Print und Variablen

Will man mit PRINT Variablen benutzen, sollten diese entweder vordefiniert oder im Quote-Mode (also zwischen "" oder mit CTRL+9) eingesetzt werden.

```
10 A=0:B=500:A$=CHR$(65)
20 PRINTA$;:A=A+1:IFA<BTHEN20
```

Benchmark = 231

Wenn jetzt noch ein Zeichen den CHR$ ersetzt, geht es noch schneller:

```
10 A=0:B=500
20 PRINT"A";:A=A+1:IFA<BTHEN20
```

Benchmark = 224

12.22
Steuer-/Zeichen vs. CHR$

Steuerzeichen und normale Zeichen zu PRINTen ist schneller als die Einbindung von CHR$.

```
10 FORI=1TO100:PRINT"♥":NEXT
```

Benchmark = 261

```
10 FORI=1TO100:PRINTCHR$(147):NEXT
```

Benchmark = 285

Selbst mit vordefinierten Werten ist es langsamer:

```
10 A=147:FORI=1TO100:PRINTCHR$(A):NEXT
```

Benchmark = 269

```
10 A$=CHR$(147):FORI=1TO100:PRINTA$:NEXT
```

Benchmark = 263

12.23
MID$ vs. PRINT

Auch wenn dieser Tipp in Einzeilern wahrscheinlich eher selten Anwendung findet, so wird er in 10-Zeilern oder größeren Programmen nützlich werden können. Das Verwenden eines Teilstrings ist schneller, als ihn mit PRINT auszugeben. Dies setzt allerdings voraus, dass der String bereits definiert wurde. Es lohnt sich immer dann, wenn der gesamte String oder Teile davon mehr als einmal verwendet werden sollen.

```
10 A$="*+*+*+*+*+*+*+*+":FORI=1TO40:
   R=RND(.)*10+1:PRINTMID$(A$,R,R),:NEXT
```

Benchmark = 40

```
10 FORI=1TO40:R=RND(.)*10+1:FORJ=1TOR:
   B$=B$+"*+":NEXT:PRINTB$,:B$="":NEXT
```

Benchmark = 56

12.24
RND schneller machen 1

Im C64-Handbuch wird für ein Würfelspiel INT(6*RND(1)) angegeben, um eine zufällige Zahl von 1 bis 6 zu erhalten. Doch es gibt zwei Methoden, um mit RND in einem Wertebereich zu arbeiten.

Zufallszahlen, die Werte von 1 bis 10 annehmen sollen, können wie folgt erzeugt werden:

`10*RND(1)` und `RND(1)*10`

Obwohl es auf den ersten Blick keinen Unterschied machen sollte, zeigt sich im Test, dass die zweite Variante etwas schneller ist, während die Zeichenanzahl gleich bleibt. Es ist schneller, wenn die Berechnungen und Werte hinter dem RND(X) stehen.

```
R=INT(10*(RND(.))
```
Benchmark = zwischen 108 und 111

```
R=INT(RND(.)*10)
```
Benchmark = zwischen 106 und 109

12.25 RND schneller machen 2

Deutlich schneller erhält man Ganzzahlenergebnisse mit einer Integervariablen:

```
R%=RND(.)*10
```
Benchmark = 42

12.26 Boolesche Operationen

Wenn das Ergebnis einer Booleschen Operation feststeht oder vorausgesetzt wird und dieses als Abfrageergebnis verwendet werden soll, kann man auf die Abfrage, ob der Wert erreicht wurde, verzichten.

`IF(1AND1)=1THEN` oder `IF(0AND0)=0`

Die Angaben `=1` und `=0` können weggelassen werden, denn `1AND1` ist immer `1` und `0AND0` immer `0`.

12.27 A=1/10,B=.1

Angesichts der internen Rechenweise und der Arbeitsweise des Interpreters ist es bei Optimierungen immer ratsam, verschiedene Methoden durch Zeitmessungen zu erproben. Folgend einige Beispiele, die verdeutlichen, was damit gemeint ist. Was dem ersten Anschein nach schneller ist, trifft aber nicht immer zu. Es wirkt sich zum Beispiel aus, dass die Rechnung mit einer zweistelligen (Nachkomma)-Zahl etwas länger dauert als mit einer einstelligen Zahl.

Beispiel 1:

```
10 FORI=1TO100:A=1/10:NEXT
```
Benchmark = 48

```
10 FORI=1TO100:A=.1:NEXT
```
Benchmark = 37

Beispiel 2:

```
10 FORI=1TO100:A=1/3:NEXT
```
Benchmark = 42

```
10 FORI=1TO100:A=.33:NEXT
```
Benchmark = 61

12.28 FOR NEXT vs. IF THEN GOTO

FOR TO NEXT ist schneller als IF THEN GOTO. Das habe ich in mehreren Tests verfizieren können. Hier ein Beispiel:

```
10 A=A+1:IFA<1000GOTO10
```
Benchmark = 556

```
10 FORA=1TO1000:NEXT
```
Benchmark = 64

12.29 Mehrfach AND

Werden mehrere ANDs hintereinander gesetzt, sollte die Bedingung vorne stehen, die am seltensten erfüllt ist. Der Interpreter prüft jedes Mal, ob alle Bedingungen erfüllt sind und würde dann erst THEN ausführen. Das Programm muss im Beispiel 300-mal alle Bedingungen prüfen.

```
10 A=A+1:B=B+2:C=C+10
20 IF(A<100ANDB<200ANDC<300)THEN10
```
Benchmark = 55

Wird die Zahl, die am wenigsten errechnet wird, an den Anfang gestellt, ist es schneller:

```
20 IF(A<300ANDB<200ANDC<100)THEN10
```
Benchmark = 20

12.30 IF AND THEN

Anstelle einer IF-AND-Abfrage ist die Methode mit THEN IF schneller. Die Abfrage wird dadurch beschleunigt, dass C=D mit AND gar nicht erst abgefragt werden muss, wenn A schon ungleich B ist.

```
10 A=1:B=2:C=3:D=3
11 FORI=1TO100
12 IFA=BANDC=DTHENPRINT"FERTIG C=D":NEXT
```
Benchmark = 92

Mit dieser Änderung ist es schneller:

```
12 IFA=BTHENIFC=DTHENPRINT"FERTIG C=D":NEXT
```
Benchmark = 69

12.31 IF THEN <> IF GOTO

Es gibt drei Möglichkeiten, mit IF zu springen. Die einfachste Methode ist aber auch die langsamste:

```
10 FORA=1TO1000:IFA>1THENGOTO11
11 NEXT
```

Benchmark = 270

Die zweitschnellste Methode ist die Nutzung von GOTO:

```
10 FORA=1TO1000:IFA>1GOTO11
11 NEXT
```

Benchmark = 268

Und der schnellste Weg führt über den Einbau nur von THEN:

```
10 FORA=1TO1000:IFA>1THEN11
11 NEXT
```

Benchmark = 267

12.32 IF THEN <> ON GOTO

Nach mehreren Tests hat sich bestätigt, dass IF THEN deutlich schneller ist als ON GOTO. Hier ein exemplarisches Beispiel:

```
10 X=100:FORI=1to100
20 ON-(I<100)GOTO30:PRINT"ENDE"
30 NEXT
```

Benchmark = 50

```
10 X=100:FORI=1to100
20 IFI=100THENPRINT"ENDE"
30 NEXT
```

Benchmark = 40

Wenn über ON GOTO mehrere Sprungziele angesprungen werden, dann hat ON GOTO die Nase vorn, denn ansonsten wären mehrere IF-THEN-Abfragen nötig.

12.33 Zahlen vordefinieren

Bei allen Zahlen, ob sie nun zum Rechnen oder zum POKEn verwendet werden, ist es schneller, sie erst in einer Konstante zu definieren.

```
10 FORA=1TO100:POKE53280,0:POKE53281,1:NEXT
```

Benchmark = 100

```
10 P=53280:FORA=1TO100:POKEP,0:POKEP+1,1:NEXT
```

Benchmark = 51

```
10 P=53280:Q=53281:FORA=1TO100:POKEP,0:
   POKEQ,1:NEXT
```
Benchmark = 40
```
10 B=0:C=1:P=53280:Q=53281:FORA=1TO100:
   POKEP,B:POKEQ,C:NEXT
```
Benchmark = 37

12.34 A$="A" vs. LEN(A$)

Wenn geprüft werden soll, ob ein String nicht leer ist, so ist der Vergleich mit LEN schneller als die Prüfung auf den Inhalt.

```
10 A$="1":FORI=1TO100:IFA$>""THEN:NEXT
```
Benchmark = 22
```
10 A$="1":FORI=1TO100:IFLEN(A$)THEN:NEXT
```
Benchmark = 20

Ein Vergleich mit leeren Stings wie zum Beispiel `IFA$=""` ist jedoch deutlich schneller als `IFLEN(A$)=0`.

12.35 Exponenten verwenden

Exponenten können eine gut messbare Beschleunigung erzielen. Wie in der Auswertung zu erkennen, trifft dies aber nicht in jeder Form zu.

```
FORA=1TO2E3:POKE2000,42:NEXT
```
Benchmark = 1000
```
FORA=1TO2000:POKE2000,42:NEXT
```
Benchmark = 1000
```
FORA=1TO2E3:POKE2E3,42:NEXT
```
Benchmark = 816
```
FORA=1TO2000:POKE2E3,42:NEXT
```
Benchmark = 816

Exponenten können maximal bis zu E38 benutzt werden. Exponenten funktionieren auch mit Nachkommastellen wie zum Beispiel 2.5E3, was 2500 entspricht.

INFO: POKEs und Exponenten
POKEs können durch Exponenten beschleunigt werden, jedoch nicht in Verbindung mit einer Grundrechenart.

12.36 USR

Der Befehl ruft eine Maschinensprache-Routine als Funktion auf. Dadurch werden Berechnungen, die per USR definiert werden, um bis zu 10% beschleunigt.

Nähere Erläuterungen finden sich hier: https://www.c64-wiki.de/wiki/USR. Im folgenden Beispiel wird mit USR mal 10 multipliziert.

```
10 FORI=1TO10:PRINT1/I*10:NEXT
```

Benchmark = 14

Mit der USR-Funktion läuft es etwas schneller:

```
9 POKE786,186:POKE785,226
10 FORI=1TO10:PRINTUSR(1/I):NEXT
```

Benchmark = 13

12.37 TIME/TI/TI$ zurücksetzen

Ich habe einen kürzeren Weg gefunden, TIME/TI/TI$ auf 0 zu setzen als TI$="000000". Um die Systemzeit zu nullen, reicht POKE161,0 aus.

```
1 PRINTTI$:POKE161,0:PRINTTI$
```

Eine andere Option ist SYS65499, gekürzt, gleich lang wie mit dem POKE.

Was es zu vermeiden gilt

13.1 ON(A=X)GOTO

Die nette kleine Zeile des Beispiels führt zu einem *?ILLEGAL QUANTITY ERROR IN 10*. Dieser Error erfolgt immer dann, wenn die Variable hinter ON kleiner als 0 ist. Die Fehlermeldung erscheint auch dann, wenn A nicht die Variable der FOR-NEXT-Schleife wäre.

```
10 FORA=1TO100:ON(A=65)GOTO11
11 NEXT
```

Es funktioniert nur mit dem Minus vor der Klammer:

```
10 FORA=1TO100:ON-(A=65)GOTO11
```

Ebenso problematisch ist folgende Vorgehensweise:

```
10 FORA=1TO100:ON(A-64)GOTO11
```

Die **Lösung** hierfür ist etwas aufwendiger:

```
10 FORA=1TO100:IFA>64THEN:ON(A-64)GOTO11
```

INFO: Fehlermeldung

Wenn der Wert hinter ON negativ ist oder größer 255, folgt daraus wie erwähnt ein *?ILLEGAL QUANTITY ERROR*.

13.2
A=ASC(A$) / A=ASC("")

Diese Funktion kann zu einem Fehler führen, wenn `A$` leer ist. Abhilfe schafft hier `A=ASC(A$+CHR$(.))` oder als kurze Version durch das Hinzufügen eines beliebigen Zeichens `A=ASC(A$+"X")`.

13.3
A=B=0

Er wäre großartig, wenn man über den Weg `A=B=0` zwei Variablen den Wert 0 zuweisen könnte anstelle von `A=0:B=0`. Doch diese Zeile stellt keine gleichzeitige Zuweisung zweier Werte dar, sondern eine logische Operation, die `A=-1` ergibt, sowie nur eine Wertzuweisung (`B=0`).

13.4
INT = Falsch

Wenn du mit korrekten Integerwerten rechnen willst, solltest du immer prüfen, ob das Ergebnis deinen Erwartungen entspricht. Abgesehen von den Inhalten in Abschnitt `INT(-X.X)` solltest du das hier auch kennen:

```
INT(1.6*5)=8
INT(5*1.6)=7
```

Die zweite Berechnung sollte auch 8 ergeben. Hier wirkt sich die erfolgte Rundung fehlerhaft aus.

One-Liner

Außer One-Linern gibt es noch Wettbewerbe, die einen enormen Lernfaktor bieten. Drei davon sollen hier vorgestellt werden.

14.1
One-Liner-Bedingungen

Die Wettbewerbsbedingungen werden oft bis an ihre Grenzen ausgeschöpft, um mit kreativen Tricks Funktionen zu implementieren, die über die Standardvorgaben hinausgehen.

Solche Wettbewerbe fördern die Kreativität auf mindestens zwei Arten: Zum einen ermutigen sie die Teilnehmer dazu, mit möglichst wenig Code maximale Kreativität zu entfalten und beeindruckende Programme oder Effekte zu schaffen. Zum anderen motivieren sie dazu, durch kreative Interpretation der Regeln neue Tricks zu entdecken, die entweder innerhalb des Wettbewerbs akzeptiert werden oder in anderen Wettbewerben unter anderen Bedingungen Einsatz finden. Ich halte das für großartig :)

Teilnahmebedingungen für einen solchen One-Liner-Wettbewerb könnten beispielsweise so aussehen:

1. Nur eine Zeile
2. Die Zeile muss per Hand ohne Hilfsmittel eingegeben werden können
3. Kein Verstecken anderer Programmiersprachen (z. B. von eigenem Assembler-Code) denn dafür gibt es andere Wettbewerbe
4. Sys/Peek/Poke usw. nur in begründeten Fällen (z. B. für Farben setzen usw., wenn dafür kein Befehl existiert)
5. System(e): Commodore 64/128 ohne Erweiterung
6. Abgabe des Programms als .prg- und als .txt-Datei
7. Beschreibung des Programms (als Ganzes und Befehl für Befehl) im Format .txt, .doc(x), .pdf oder .rtf

Bedingungen in 10-Liner-Competitions

- https://www.homeputerium.de/
- https://www.cpcwiki.eu/forum/programming/basic-tenliners-contest-2015-10163/
-

Bedingungen in 20-Liner-Competitions

- https://www.forum64.de/wbb3/board25-coder-unter-sich/board308-programmieren/board26-basic/p240230-20-zeilen-basic-compo/#post240230

14.2 FROG

Der Frosch (Screenshot auf der nächsten Seite) war ursprünglich nicht Teil eines Wettbewerbs. Informationen zum Projekt: https://www.forum64.de/index.php?thread/74055-kleine-basic-compo-fuer-zwischendurch-draw-the-frog/.

Auszug aus dem Forum64:

Aufgabe ist es, den im Bild zu sehenden PETSCII-Frosch zu zeichnen. Die C64-Einschaltmeldung ist dabei als irrelevant zu betrachten und dient nur der Illustration (zur Verdeutlichung, dass es PETSCII-Grafik ist), aber der Frosch sollte horizontal zentriert sein.

Es gibt zwei getrennte Kriterien; ihr könnt euch also entscheiden, in welche Richtung euer Programm gehen soll:

- *die kürzeste Lösung (der Code, der am wenigsten Bytes benötigt, gewinnt)*
- *die schönste Lösung (hier ist der Code irrelevant, es zählt nur, welches Programm am schönsten „abläuft“, also z. B. dass das Aufmalen des Frosches irgendwie „nett“ aussieht; ihr dürft also kreativ sein)*

Die entstandenen Kommentare und Lösungen sind sehr lesenswert. Die Ergebnisse können hier heruntergeladen werden: http://www.drwuro.com/zeha/frogs-basic-compo.zip

14.3 Mandelbrot

Das Mandelbrot-Projekt stammt aus keinem Wettbewerb, ist aber sehr interessant.

Infomationen hierzu gibt es unter https://www.forum64.de/index.php?thread/83610-basic-compo-2018-apfelm%C3%A4nnchen-beschleunigen/&pageNo=1.

Auszug aus dem Forum64:

Wir hatten schon lange keinen „Basicprogramm beschleunigen“-Thread mehr. Deshalb hier der Auftakt für die nächste Runde des allseits beliebten High Performance Basic Computing (HPBC).

Ausgangspunkt ist ein nur leicht angepasstes Beispiel des Rosettacodes für OS/8-Basic (Infos: https://rosettacode.org/wiki/Mandelbrot_set#OS.2F8_BASIC):

```
5 print chr$(147)
7 ti$="000000"
10 x1=38:y1=22
20 i1=-1.0:i2=1.0:r1=-2.0:r2=1.0
30 s1=(r2-r1)/x1:s2=(i2-i1)/y1
40 for y=0 to y1
50 i3=i1+s2*y
60 for x=0 to x1
70 r3=r1+s1*x:z1=r3:z2=i3
80 for n=0 to 15
90 a=z1*z1:b=z2*z2
100 if a+b>4.0 GOTO 130
110 z2=2*z1*z2+i3:z1=a-b+r3
120 next n
130 print chr$(48-n);
140 next x
150 print
160 next y
10000 print"zeit: ";ti$;
10010 geta$:if a$="" then 10010
```

Derzeit benötigt dieser Code 4:35 Minuten auf dem C64 (auf dem C128 deutlich länger).

Zielsetzung: Dem trägen Teil Feuer unterm Hintern machen. Je schneller, desto besser.

Rahmenbedingungen: keine Maschinensprache (weder SYS noch USR); die Zeilen 5, 7, 10000 und 10010 bleiben unangetastet; Formeln, Abläufe dürfen nach Herzenslust umgestellt/vereinfacht etc. werden, aber die Grafik muss während des Programmablaufs berechnet werden; keine POKEs, ausgenommen Bild- und Farb-RAM. Ist es ein Wettbewerb? Irgendwie schon!

14.4 Basic-Game-Compo

Informationen zur Basic-Game-Competition gibt es ebenfalls im hier schon mehrfach erwähnten Forum64 nachzulesen: https://www.forum64.de/index.php?thread/36041-basic-game-compo/&highlight=compo.

Auszug aus dem Forum64:

Was: Ein Spiel in BASIC V2, kein Assembler, Sprünge ins System sind allerdings okay. Womit: Muss auf einem normalen C64, mit einer normalen 1541 und einem Joystick laufen. Wie groß: Eine

Datei oder maximal 160 Blöcke auf mehrere Dateien verteilt. Was muss beiliegen: ein Screenshot, eine PRG des Spiels, der Quellcode und eine kleine Anleitung als normale Textdatei.

Details: Das Spiel muss nicht zwingend mit dem Bildschirmeditor eingebbar sein, ihr könnt also die vollen Zeichen pro Zeile ausnutzen. Hier nochmals die petcat-Bedienung:
Code Tokenisieren: petcat -w2 -o dastokenisierteprogramm.prg dasprogramm.bas
Detokenisieren: petcat dastokenisierteprogramm.prg > dasprogramm.bas

Dem Quellcode muss bei künstlicher Nachbehandlung (selbst geschriebener BASIC Compactor) die komplette Toolchain beiliegen, oder es muss zumindest ein Verweis existieren, wo man die Toolchain herbekommt (kreative Nutzung eines Cross-Assemblers etc.).

Keine Compiler, keine Cruncher, das Spiel muss LIST-bar sein, Fehler der LIST-Routine bei kreativer Nutzung von Strings werden allerdings berücksichtigt.

14.5 Der erste Commodore 64 Einzeiler?

Hier ist der häufigste und wohl bekannteste Einzeiler, der im *Commodore 64 User's Guide* von 1982 auf Seite 53 und das erste Mal wirklich als Einzeiler geschrieben im US-amerikanischen Magazin *RUN 7/1984* auf Seite 14 auftauchte. Außerdem ist er auf Seite 57 des *Commodore Portable SX-64 Color Computer User's Guide* zu finden.

Commodore 64 User's Guide

```
10 PRINT "{CLR/HOME}"
20 PRINT CHR$(205.5 + RND(1));
30 GOTO 20
```

RUN Magazin

```
8 PRINT CHR$(205.5+RND(8));: GOTO 8
```

Hier ist eine Variante, bei der einfach eine zufällige Farbe hinzugefügt wird:

```
8 PRINT CHR$(205.5+RND(8))CHR$
  (149+RND(8)*11);: GOTO 8
```

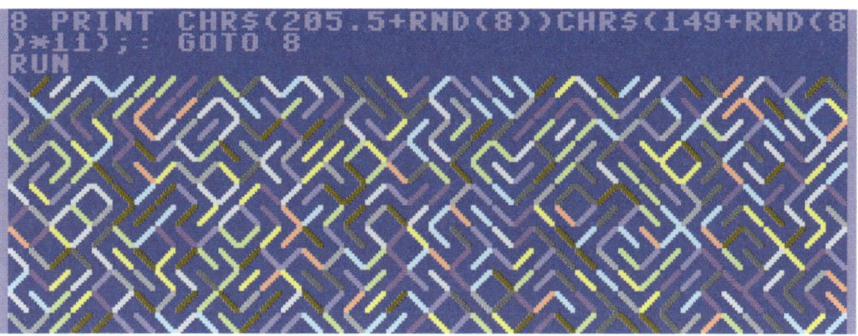

Ich habe den Code ein wenig optimiert, indem ich Leerzeichen entfernt und die 8 gegen einen Punkt ausgetauscht habe. Zum Test habe ich danach mit 300 Zeichen gebenchmarkt (warum und wie das mit dem Punkt funktioniert, liest Du im Kapitel 12 zum *Speed*.

```
0 FORI=1TO300:PRINTCHR$(205.5+RND(.))CHR$
  (149+RND(.)*11);:NEXT
```

Ohne Punkt-Optimierung sind es 530 Jiffys, mit nur noch 396. Man kann den Unterschied beim Zeilenaufbau deutlich erkennen.

Ein Quäntchen lässt sich noch herausholen, wenn man die 1 bei FOR auch gegen einen Punkt tauscht, denn dann ist das Ergebnis 395.

TIPP: Lesestoff

Zu diesem Einzeiler gibt es nicht nur ein gedrucktes Buch, das man auch als PDF kostenlos herunterladen kann, sondern auch Videos, die den Aufbau, die Funktion und Optimierung der Zeile ausführlich und interessant gestaltet veranschaulichen. Robin Harbron hat in seinem YouTube-Kanal *8-Bit Show And Tell* allein zu *10 PRINT* fünf großartige Videos sowie noch mehr Material auch zu anderen Einzeilern produziert. Schaut euch seinen Kanal an: https://www.youtube.com/@8_Bit/search?query=10%20Print. Das Buch gibt es zum Download unter https://10print.org/.

Es gibt auch eine „Hires“-Version, die einen etwas anderen Code und Trick verwendet, aber sehr sehenswert ist:

```
10 PRINTCHR$(14)MID$(CHR$(223)+CHR$(233),
   RND(.)*2+1);:GOTO10
```

INFO: Historisches

Einer der ersten, wenn nicht sogar der erste Einzeiler überhaupt, wurde für einen Commodore PET geschrieben. Zu finden ist er im Computermagazin *The PET Gazette* aus dem Jahr 1978:

```
1A$="[up][down][left][right]":PRINTMID$(A$,RND
(.5)*4+1,1)"*[left]";:FORI=1TO30:NEXT:PRINT"
[rvs on][space][left]";:GOTO1
```

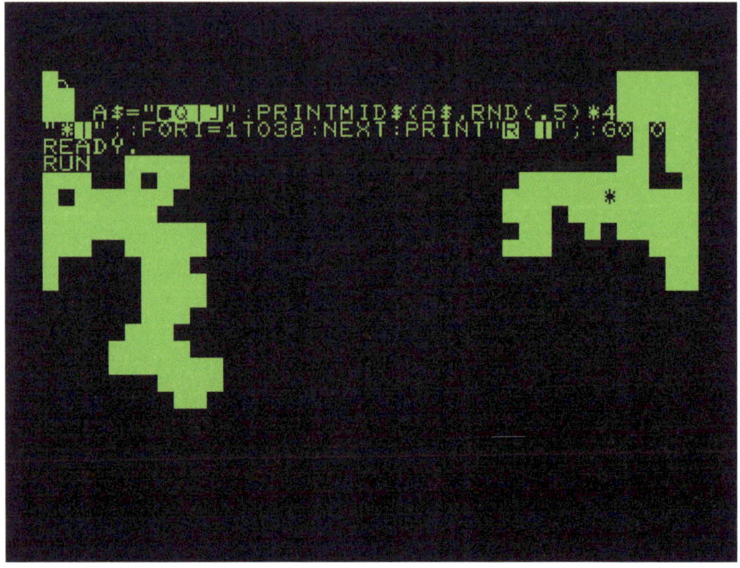

14.6 Der erste One-Liner-Wettbewerb

Zumindest der erste Wettbewerb, den ich finden konnte, war im deutschen RUN Magazin 8/1984 ausgeschrieben. Die besten Arbeiten wurden in der Ausgabe 11/1984 präsentiert.

14.7 One-Liner-Games

Aus der Vielzahl an verschiedenen One-Liner-Games wollen wir im Folgenden zwei schöne Beispiele vorstellen, die zeigen, was in der Verknappung von Codezeilen wirklich steckt.

14.7.1 BASIC-Einzeiler Star Collider (Game)

Star Collider ist in vielerlei Hinsicht etwas Besonderes. Es ist nicht nur ein Spiel in einer einzigen Zeile, es besitzt als Besonderheit auch noch eine Score-Anzeige. Außerdem hat der Programmierer *oog64* gleich drei Level programmiert. Kaum zu glauben, oder? Infos zu Star Collider gibt es hier: https://www.forum64.de/index.php?thread/95522-basic-einzeiler-star-collider-spiel/&highlight=einzeil.

Auszug Forum64:

Früher hatte ich auf meinem C64 ein kleines Spiel programmiert, das in eine einzige BASIC-Zeile passte. Leider ist mir der Quelltext abhandengekommen, daher habe ich mich in einem Anflug von Retro-Nostalgie mal hingesetzt und es neu programmiert.

Es ist wahrscheinlich das langweiligste C64-Game, das es gibt, dafür ist es sicherlich auch eines der kürzesten. Für die Eingabe müssen BASIC-Befehle abgekürzt werden, damit es in die 80 Zeichen einer BASIC-Zeile passt.

Nach Bildschirm-Löschen und Eingabe von „RUN" startet das Spiel. Am oberen Rand sieht man ein Raumschiff, dessen Flugrichtung man mit der Return-Taste steuern kann. Von unten fliegen Sterne heran, denen man ausweichen muss. Bei Kollision endet das Spiel. Der Score wird jeweils in der Zeile links angezeigt. Mit dieser Anzeige darf man ebenfalls nicht kollidieren.

So einfach es auch klingt – um eine hohe Punktzahl zu erreichen, muss man sich schon gut konzentrieren.

Level 1:

```
1s=s+1:?s;tArN(0)*39);"*":x=x+1+2*(pE(203)=1):
a=1080+x:ifpE(a)<42tHp0a,25:g01
```

Zur besseren Lesbarkeit hier ohne Abkürzungen außer PRINT:

```
1 S=S+1:?S;TAB(RND(0)*39);"*":X=X+1+2*(PEEK(203)
  =1):A=1080+X:IFPEEK(A)<42THENPOKEA,25:GOTO1
```

Level 2:

```
1s=s+1:?s;tArN(0)*38);"**":x=x+1+2*(pE(203)=1):
a=1080+x:ifpE(a)<42tHp0a,25:g01
```

Level 3:

```
1s=s+1:?s;tArN(0)*37);"***":x=x+1+2*(pE(203)=1)
:a=1080+x:ifpE(a)<42tHp0a,25:g01
```

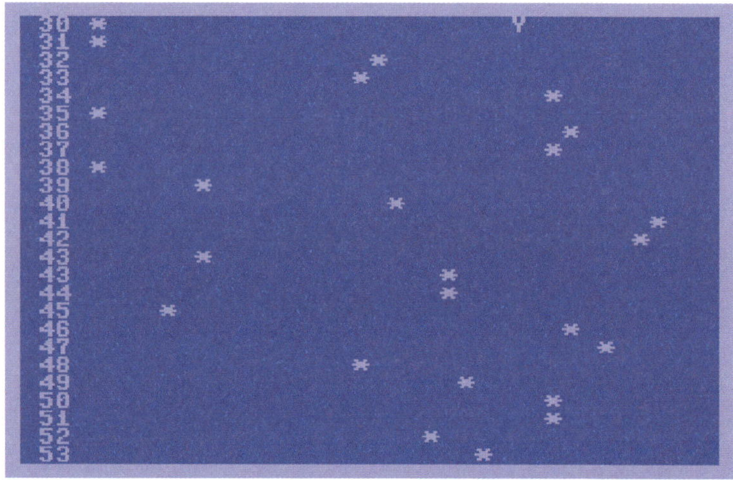

14.7.2 Number Game

In diesem Einzeiler-Spiel hat man 10 Versuche, eine richtige Zahl zu erraten. > zeigt an, dass die Zahl zu groß ist, < gibt an, dass sie zu klein ist, und = erscheint, wenn die richtige Zahl gefunden wurde. (Quelle: *RUN Magazine*, USA)

```
5 C=INT(RND(0)*100):FORT=0TO9:INPUTA:B=S
GN(A-C):PRINTCHR$(B+61);:IFB<>0THENNEXT
READY.
RUN
? 50
>? 25
<? 37
>? 31
>? 27
=
READY.
```

14.8 Blue Cross BASIC Contest

Der *Blue Cross BASIC Contest* wurde von *Logiker* im Forum64 im September 2019 ausgeschrieben. Viele Programmierer haben sich mit sehr unterschiedlichen Lösungsansätzen beteiligt. Es lohnt sich, den ganzen Beitrag einmal durchzublättern: https://www.forum64.de/index.php?thread/91008-basic-wettbewerb-blaues-kreuz-kleinstes-prg/&pageNo=1.

Das Ziel ist es, ein BASIC-Programm zu erstellen, welches das angegebene Bild, ein blaues Kreuz (X) auf schwarzem Hintergrund, 1 zu 1 erzeugt. Der Inhalt des Bildschirms, die Farben und das Muster sollen also komplett identisch sein. Das Inkludieren von eigenem Assembler ist nicht erlaubt. Das Programm soll so klein wie möglich sein!

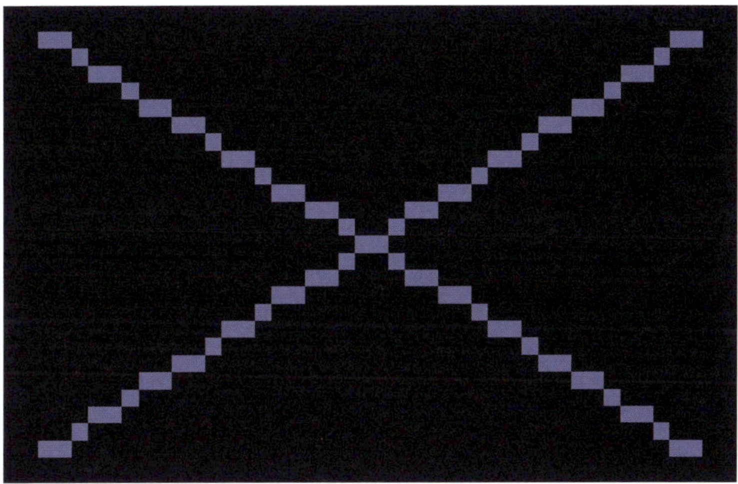

Der Sieger (Atomcode):

```
2019?"♥":fOX=2TO81:pO54238+X,.:pO982+aB(26INT
(5/8*X))*40+X,160:nE:wA.,.
```

= 72 Zeichen

```
2019PRINT"♥":FORX=2TO81:POKE54238+X,.:POKE982+
ABS(26-INT(5/8*X))*40+X,160:NEXT:WAIT.,.
```

Erklärungstext der Funktion aus dem Forum64 (nachzulesen unter https://www.forum64.de/index.php?thread/91008-basic-wettbewerb-blaues-kreuz-kleinstes-prg/&pageNo=5):

Dem Algorithmus liegt die Überlegung zugrunde, beide Diagonalen zusammen als nur eine zu plottende Funktion zu behandeln, die 80 Zeichen breit und 26 Zeichen hoch ist und einer Dreieckkurve entspricht, und zwar von 0/24 nach 39/0 aufsteigend und dann von 40/-1 nach 79/23 wieder absteigend, wobei das Wrapping der theoretischen 80-Zeichen-Zeile auf 40 Zeichen dafür sorgt, dass der absteigende Teil um 1 weiter unten (-1 bis 23 => 0 bis 24) und 40 weiter links (40 bis 79 => 0 bis 39) geplottet wird.

Es wird keine Speicherzelle außerhalb des Bildschirmspeichers überschrieben. Anders gesagt: eine Gerade, deren oberer rechter Teil nach unten gespiegelt und nach links verschoben wird.

```
FORX=2TO 81:POKE982+ABS(26-INT
(5/8*X))*40+X,160:NEXT
```

Die Rechenbasis (982) ist kleiner als der Ursprung (1024) gewählt und wird durch leicht erhöhte Koordinaten ausgeglichen.

Die Nulllinie ist unten. Das aktuelle Y (die Zeile) wird berechnet, indem X mit der Steigung 5/8 multipliziert wird, fängt also bei 1 an (2*5/8). Das wird von 26 Zeilen abgezogen (25 echte Bildschirmzeilen plus einer gedachten, wegen der kleineren Basisadresse), dann mal Zeilenbreite 40 genommen und zur Basisadresse 982 addiert, sodass die erste Zeilenadresse -2 die unterste ist. Das X selbst kommt für den Plot noch dazu, fängt mit 2 also genau auf der Zeilenadresse an. Das INT() ist notwendig, weil wir für Y Vielfache von 40 brauchen und nichts dazwischen.

Wenn wir oben angekommen sind und das als Term errechnete Y >= 26 wird, wird das X >= 42, sodass das Wrapping greift (982+0*40+42=1024). Die ABS-Funktion entfernt das Vorzeichen der Zeilenberechnung und sorgt so dafür, dass die errechnete Zeile nicht gen ZeroPage geht, sondern wieder größer wird. Bei X=81 und Y=|26-5/8*81|=24 ist Schluss: 982+24*40 ergibt Zeilenadresse -2 von Zeile 23. Plus die 81 aus X ergibt Spalte 39 in Zeile 24.

Die Rahmen- und Hintergrundfarbe wird auf schwarz gesetzt, indem ab der letzten Spiegelung der entsprechenden VIC-Adressen Nullen geschrieben werden. Die letzte Spiegelung wurde gewählt, damit keine wichtigen Steuerregister des VICs verändert werden. Es wird lediglich der SID gelöscht.

WAIT.,. wartet, bis der Inhalt der Adresse 0 mit 0 AND-verknüpft ungleich 0 wird und damit für immer. Das lässt sich mit STOP+RESTORE abbrechen. Die 2 Byte kürzere CPU-Jam-Alternative ist SYS7, ruft aber im VICE-Emulator den Debugger auf.

Die PRINT-Variante mit Adresse 214 zur Zeilenansteuerung und PRINT SPC(x) für die Spaltenangabe benötigt 91 Bytes.

Zweiter Platz:

```
0p053280,0:p053281,0:?"{clear}":f0i=-39.5to40:p
04^5+i+abs(int(5/8*i)*40),160:nE:wait1,0
```

Infos: https://www.forum64.de/index.php?thread/91008-basic-wettbewerb-blaues-kreuz-kleinstes-prg/&pageNo=5

Mehr zum *Blue Cross BASIC Contest:*
https://www.logiker.com/BASIC-Contest

14.9 Commodore FREE One Liners competition

Öffne die Webseite zu diesem Wettbewerb über den Link https://www.forum64.de/index.php?thread/51227-commodore-free-one-liners-competition/. Dort kannst du die Bedingungen nachlesen und herausfinden, wer mit welchem Code gewonnen hat.

14.10 First International GOTO-less Basic Coding Compo

Dies war der erste internationale Programmierwettbewerb, bei dem Teilnehmer aufgefordert wurden, Programme in BASIC zu entwickeln, ohne dabei das GOTO-Statement zu verwenden. Der Wettbewerb zielte darauf ab, die Fähigkeiten der Programmierer zu fördern und gleichzeitig die Schaffung von sauberem und strukturiertem BASIC zu unterstützen. Teilnehmer aus der ganzen Welt konkurrierten um Ruhm, Anerkennung und Preise und bewiesen, dass es möglich ist, qualitativ hochwertigen Code ohne den Einsatz des oft kritisierten GOTO-Statements zu erstellen (Infos: https://www.lemon64.com/forum/viewtopic.php?t=39076).

Auszug von Lemon64:
Die Teilnahmebedingungen: 1) Keine Verwendung von USR, SYS, RUN, GOTO oder IF/THEN<Zeilennummer>. 2) Der gesamte Code muss mit LIST auf den Bildschirm passen (d.h. bis zu 23 Bildschirmzeilen Code; READY / neue Zeile nimmt die letzten 2 Zeilen ein). 3) Es muss möglich sein, das Programm aus einem Listing heraus einzugeben (d.h. kein m/l am Ende einer BASIC-Datei). 4) Das Programm muss den Text GOTO CONSIDERED HARMFUL kontinuierlich ablaufen lassen, bis eine Taste gedrückt wird. 5) Alles, was nicht ausdrücklich verboten ist, ist erlaubt.

Die Wertung: Nachdem alle Beiträge eingereicht wurden, erhielt jeder Teilnehmer ein Abstimmungsformular, mit dem er über alle Beiträge außer seinem eigenen abstimmen kann.

Die Gewinnerliste und die Programme zum Herunterladen findest du hier: https://csdb.dk/event/index.php?id=1842.

14.11 One-Liner zum Abtippen, Anschauen und Lernen

Über den YouTube-Link https://www.youtube.com/playlist?list=PL74t0-BPdNEC6GU-0w6ZascrCJRDhe97o findest du eine größere Sammlung von BASIC-Einzeilern. Alternativ kannst du in YouTube nach *Back to Basic* suchen. Diese Seite enthält aktuell 21 Beispiele für sehenswerte One-Liner.

14.11.1 Alle Befehle

Mit diesem Einzeiler werden sämtliche Befehle des Commodore 64 BASIC V2 aufgelistet:

```
1 POKE769,177:FORI=1TO76:POKE73,255:POKE781,I:
  SYS42794:PRINT,:NEXT:POKE769,227
```

14.11.2 Aus der Zeitschrift The Transactor 4

Ursprünglich für den Commodore PET entwickelt, wurde der Code angepasst, damit er auf dem Commodore 64 läuft:

```
1 C=32:FORN=1TO41:C=192-C:FORA=0TON:FORB=1024+
  ATO2047STEPN:POKEB,C:NEXTB,A,N
```

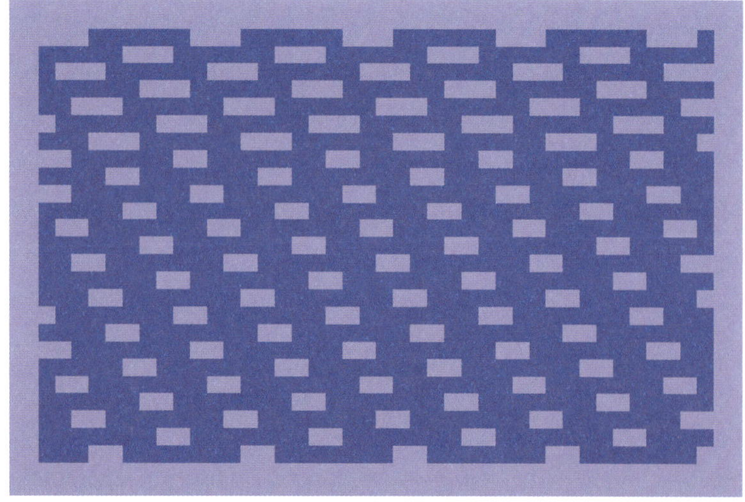

14.11.3 10PRINT with custom characters

Der Code stammt von Ian Witham und ist unter https://www.youtube.com/watch?v=SJwr0lZUj6E einzusehen:

```
10 A="08{Rot}F5@ 000 @F5{Rot}000"="":
   POKE53272,18:PRINTCHR$(RND(.)+65.5);:GOTO10
```

14.11.4 Weird colourful patterns

One-Liner *Random Numbers* von *Josip Retro Bits*; Infos unter https://www.youtube.com/watch?v=iGhDcnHRTSY

```
1 printchr$(18)" {left}";:printmid$("{right
  left down up}",rnd(ti)*4+1,1);:poke646,
  rnd(.)*256:GOTO1
```

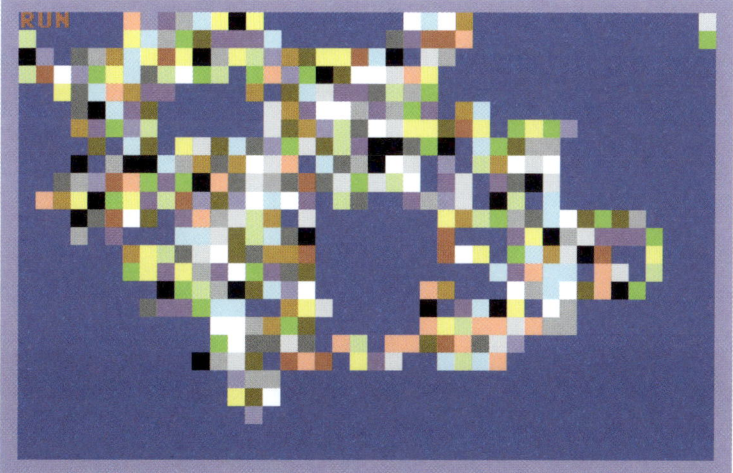

14.11.5 Colorful Pattern

Aus dem *RUN Magazine Special 1/85* (USA):

14.11.6 Eagle

Aus dem *RUN Magazine Special 1/85* (USA):

14.11.7 Bird can fly

Basic One-Liner, sehr ähnlich zum Eagle oben:
https://www.youtube.com/watch?v=A6g9RnwEkK8

```
0gEk:p=p+(k=1)-(k=2):p0214,10:?:p0211,20+p:?mI
("UWIJWK",x+1,3):x=3-x:?"S":g00
```

14.11.8 Laser C64

Von *Back to Basic*:
https://www.youtube.com/watch?v=JXWS9TY58iE

```
10 FORT=1024TO2023:POKET,67:POKET-4,32:NEXT:RUN
```

14.11.9 Laser

Von *Back to Basic*:
https://www.youtube.com/watch?v=JXWS9TY58iE

```
1f0c=0to39:l=rN(1)*24+1:f0x=0tol:p01984+c-40
*x,97:p056256+c-40*x,l:nEx,c:g01
```

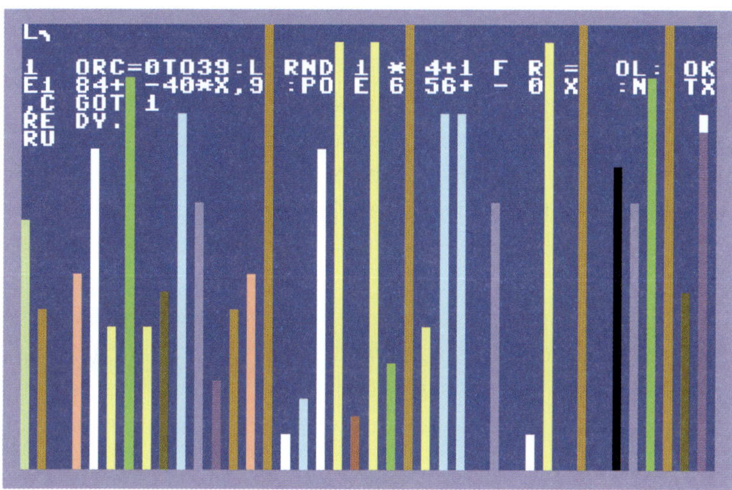

14.11.10 SID & MAT64

MAT64 hat eine kleine Sammlung sehens- und hörenswerter Einzeiler herausgebracht, die alle sowohl grafische Elemente besitzen als auch den SID einbeziehen. Besucht auch seine Seite mit Erläuterungen.

- Dancing with the BASIC: https://csdb.dk/release/?id=226354
- MAT64: https://www.mat64.org/dancing-with-the-basic/

```
**** DANCING WITH THE BASIC ****
BASIC ONELINER COMPILATION MADE WITH
STRINGS FOUND IN KERNAL AND BASIC
PLEASE SELECT:
1 A BASIC GROOVE
2 DANCING WITH THE BASIC
3 A SHOT IN THE ROM
4 ALLEGRETTO CON FUOCO ALLA FERMATA
5 NOTTURNO PIZZICATO SUL PONTICELLO
6 ???
● EXIT WITH RUN/STOP+RESTORE,THEN RUN
● 6581 IS REQUIRED
PRESENTED BY MAT64 RESEARCH LABS 2022
```

14.11.11 Screensaver 1

Lösche den Bildschirm, gib die Zeilen genauso ein, wie im Bild zu sehen, und drücke RETURN. Du kannst die Klammern weglassen und andere Zeichen statt des Sterns verwenden. Die 4 vom POKE gibt die Zeilennummer an, dessen Inhalt verwendet werden soll.

14.11.12 Screensaver 2

Eintippen und die schräge Farbenpracht genießen:

```
0 FORI=.TO1000:PRINTCHR$(PEEK(57345+I));:NEXT:GOTO
```

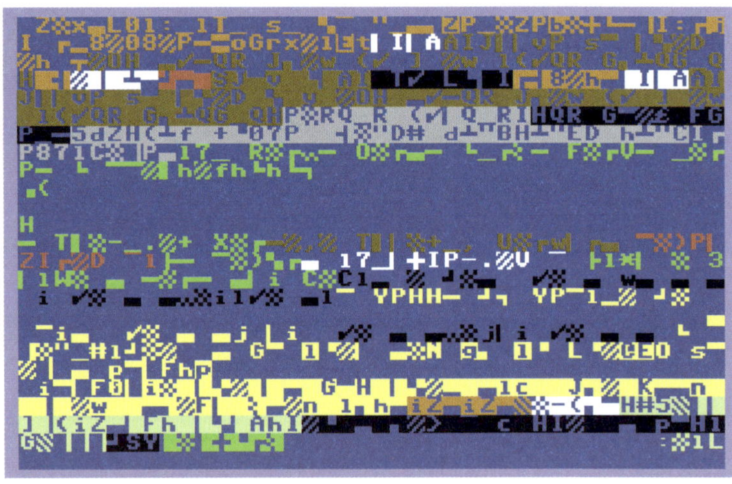

14.11.13 Colored scrolling stars

Aus dem *RUN Magazine Special 1/85* (USA)

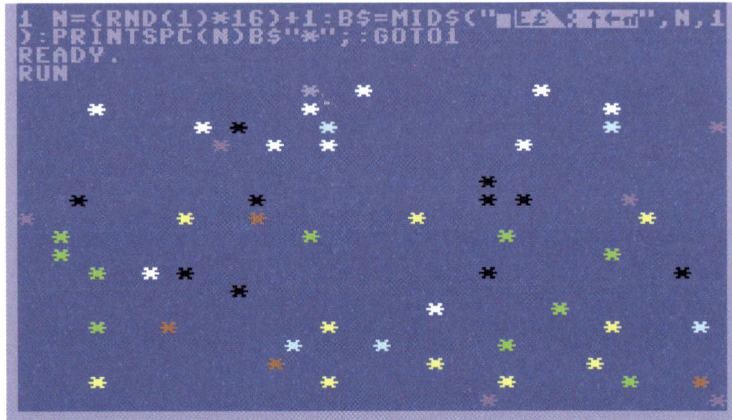

14.11.14
Sinful

Aus dem *RUN Magazine Special 1/85* (USA)

14.11.15
Random Walk

Ein sehenswerter One-Liner von Ian Witham, Informationen unter https://www.youtube.com/watch?v=N_zZQeACE84.

14.12 BASIC-Demos

Definition einer BASIC-Demo und ihrer Inhalte:

1. Eine Demo benutzt nur die Befehle des BASIC-Befehlssatzes.
2. Vorhandene computerinterne Maschinenroutinen können per SYS- oder USR-Befehl aufgerufen werden, da diese schon im Rechner implementiert sind.
3. Die Benutzung von PEEK und POKE ist erlaubt, um Speicherstellen zu setzen oder auszulesen, beispielsweise Cursor positionieren, Bildschirmfarben oder Sprites.
4. Die Benutzung von ASM-Routinen ist ausgeschlossen.
5. Der `LIST`-Befehl listet das gesamte Programm.
6. BASIC-Erweiterungen wie Simons' BASIC sind nicht erlaubt, weil diese zum Abspielen vorhanden sein müssen.
7. Weitere Bestandteile wie DATAs als SEQ-Datei für Grafiken, Sprites oder weiterer BASIC-Code dürfen nachgeladen werden.

14.12.1 512/256/128/64/32/16/8 Bytes Demos

Eine besondere Disziplin im Programmieren ist das sogenannte *Size-Coding*. Damit sind Wettbewerbe gemeint, die mit so wenig Code wie möglich die interessantesten Effekte realisieren und teilweise auch Sound dabei abspielen. Die kleinsten Demos dieser Form benötigen gerade einmal acht Bytes an Code. Absolut erstaunlich!
Infos: http://www.sizecoding.org/wiki/Resources

14.12.1.1 LoveByte

Eine der bekanntesten und beliebtesten Plattformen und Veranstaltungen rund um das Size-Coding ist die *LoveByte*.
https://lovebyte.party/
https://www.facebook.com/groups/252549059722180/

14.12.1.2 256Byte Games

Sogar ganze Spiele werden mit limitierten Zeichen realisiert, beispielsweise *Towers of Hanoi 255* (https://demozoo.org/productions/291301/), *Rock Paper Scissors* (https://demozoo.org/productions/291298/), *Mastermind* (https://demozoo.org/productions/291296/) oder *Classic Pinball Oneliner* (https://demozoo.org/productions/305486/).

14.13 TRS-80 One-Liners

Die Seite www.trs-80.org.uk hat eine tolle Sammlung an One-Linern zusammengestellt und zur kostenlosen Nutzung sowie Download in einem ZIP-Archiv als Publisher-Datei und in zwei Disketten zur Verfügung gestellt.
Download: http://www.fabsitesuk.com/tandy/1liners.zip

14.14 Programmierwettbewerbe Einzeiler

Ende 2023 hatte ich auf Facebook im Forum *BASIC Programming Language* Programmierwettbewerbe initiiert, basierend auf dem berühmten Einzeiler `10 PRINT CHR$(205.5+RND(1)); : GOTO 10`. Es sollten nach meinen Vorgaben interessante Codes mit anderem Aufbau, z. B. vertikal, diagonal, aus Dreiecken und weitere entstehen. Es gab pro Wettbewerb bis zu 30 teils sehr unterschiedliche Beiträge mit ganz anderen Ansätzen, die auf bis zu 18 verschiedenen 8-Bit-Computern programmiert wurden, die BASIC unterstützen. Als Gewinn versprach ich in den Wettbewerben, dass der jeweilige Gewinner in diesem Buch veröffentlicht wird.

Gewinner 10 PRINT VERTICAL:
Josip Kalebić – Commodore 64

```
0 FORI=.TO39:FORJ=.TO24:PRINTSPC(I)CHR$
  (205.5+RND(.))CHR$(11-(J<24)-(I<39));:
  NEXT:PRINTCHR$(19);:NEXT
```

Kurzform:

```
0fOI=.TO39:fOJ=.TO24:?sPI)cH(205.5+rN(.))
cH(11-(J<24)-(I<39));:nE:?cH(19);:nE
```

Der interessante Aspekt dieses Codes ist, dass es der einzige Code war, der nicht `POKE`, sondern ausschließlich `PRINT` benutzt.

Josip ist außerdem bekannt für seinen YouTube-Kanal *Josip Retro Bits*, auf dem er viel zu BASIC zeigt, auch für Einzeilerprogrammierung: https://www.youtube.com/@JosipRetroBits

Gewinner 10 PRINT DIAGONAL:
Timo Soilamaa – MSX-BASIC – Emulator: https://msxpen.com

```
10 DEFINT A-Z
20 SCREEN 1:KEY OFF
30 FOR I=0 TO 7:VPOKE 1640+I,2^I:VPOKE
   1648+I,2^(7-I):NEXT
40 W=31:H=23
50 X=L:Y=L-W:L=L+1
60 IF Y>H THEN FORI=0TO0:I=(INKEY$=""):NEXT:
   SCREEN 0:END
70 IF Y<0 THEN Y=0 ELSE X=W
80 VPOKEBASE(5)+X+32*Y,205.5+RND(1):X=X-1:Y=Y+1
90 IF X<0 OR Y>H THEN 50 ELSE 80
```

Seine Lösung war meiner Meinung nach die interessanteste von allen.

Gewinner 10 PRINT TRIANGLES:
James Chin – Commodore 64

```
10 DIMS,T,U,N,I:N=77.5:G=40:F=39:E=24:TT=TI:
   FORI=.TOE:READS,T:FORS=STOT
20 POKES,RND(.)+N:NEXT:NEXT:FORI=.TOF:READS,T
30 FORS=STOTSTEPG:POKES,RND(.)+N:NEXT:NEXT:
   PRINTTI-TT
50 DATA1024,1063,1066,1101,1107,1139,1149,
   1178,1190,1216,1232,1255,1274,1293
60 DATA1315,1331,1357,1370,1398,1408,1440,
   1447,1482,1485,1523,1523,1984,2023
70 DATA1946,1981,1907,1939,1869,1898,1830,
   1856,1792,1815,1754,1773,1715,1731
80 DATA1677,1690,1638,1648,1600,1607,1562,
   1565,1024,1984,1065,1945,1066,1906
90 DATA1107,1907,1148,1908,1149,1829,1190,
   1830,1191,1791,1232,1792,1273,1753
100 DATA1274,1714,1315,1715,1356,1716,1357,
    1637,1398,1638,1399,1599,1440,1600
110 DATA1481,1561,1482,1522,1523,1523,1063,
    2023,1102,1982,1101,1941,1140,1940
120 DATA1179,1939,1178,1858,1217,1857,1216,
    1816,1255,1815,1294,1774,1293,1733
130 DATA1332,1732,1371,1731,1370,1650,1409,
    1649,1408,1608,1447,1607,1486,1566
140 DATA1485,1525,1524,1524
```

Die Nutzung von Datazeilen für einen schnellen Aufbau empfand ich als sehr gut gelöst.

Kuriositätensammlung

15.1 Rechnen mit PEEK

Es gibt tatsächlich Fälle, bei denen das Rechnen mit PEEK schneller ist als mit Ganzzahlen. Sinnvoll ist es, wenn die Adresse schon den Wert beinhaltet, den man verwenden will, ohne ihn vorher POKEn zu müssen. Im Beispiel wird in die Adresse 2 der Wert von 255 gesetzt. Dieser wird dann per PEEK ausgelesen und addiert.

```
9 POKE2,255
10 FORI=1TO100:A=A+PEEK(2):NEXT
```

Benchmark = 34

Ohne PEEK läuft es tatsächlich langsamer ab:

```
10 FORI=1TO100:A=A+255:NEXT
```

Benchmark = 41

Allerdings ist die Ganzzahl-Addition deutlich schneller, wenn mit einer Variable gerechnet wird:

```
10 A=100:FORI=1TO100:A=A+255:NEXT
```

Benchmark = 26

Und natürlich am schnellsten, wenn alles vordefiniert wurde:

```
10 A=100:B=255:FORI=1TO100:A=A+B:NEXT
```

Benchmark = 25

Dass dies mit PEEK funktioniert, liegt an mehreren Bedingungen. Zuallererst darf auch nicht vergessen werden, dass ein Überlauf entsteht, sobald 255 überschritten wird, und danach alles langsamer wird. Beeinflusst wird das Ganze auch mit der Adresse, die gepeekt ist. Wird z. B. 49152 verwendet, muss der Interpreter fünf Stellen parsen, um die Zahl zu erfassen und dann die Adresse anspringen zu können.

Das gleiche Beispiel von oben erbringt dann mit PEEK(49152) einen Benchmark von 61, ist also deutlich langsamer.

15.2 TI als Zähler, unendliches NEXT

Es gibt eine witzige Methode, ein paar Zeichen zu sparen, wenn man eine große Zahl braucht: Nimm einfach TI. Das Beispiel ist zweckfrei, zeigt aber die Funktion.

```
10 FORI=1TOTI:PRINTCHR$(RND(.)*255);:NEXT
```

Da TI ständig wächst, läuft die Schleife nahezu unendlich (ja, nach 24 Stunden ist TI wieder 0, wächst dann aber erneut, und dass zufällig dann NEXT auf 0 zählt, ist recht unwahrscheinlich).

15.3 ON TI GOTO

Eine weitere Methode, TI zu nutzen, besteht darin, es in Kombination mit ON GOTO einzusetzen, um eine mehr oder weniger zufällige Aktion zu initiieren.

```
10 PRINT0;:ON1+(TI=TI)GOTO10:PRINT1;:GOTO10
```

Damit wird nahezu jede zweite Aktion eine 1 oder 0, aber eben nicht genau jede.

15.4 ON ERROR-GOTO

Der Trick biegt den BASIC-Start der Adressen 768 und 769 um, sodass nun die Fehlernummer in die Speicherstelle 168 gespeichert wird. Damit kann man nicht nur ein ON ERROR-GOTO realisieren, sondern auch beliebig auf eine Fehlerursache reagieren. Das SYS58451 setzt den Startzeiger wieder auf die Zeileneingabe.

```
10 POKE768,43:POKE769,255:POKE168,0:A=1E99:SYS58451
20 PRINTPEEK(168)
```

15.5 Randomized Text

Der folgende Code basiert darauf, dass bestimmte randomisierte Werte des C64 unter den richtigen Bedingungen keine randomisierten Werte sind. Also gilt es die Bedingungen herauszufinden, um das Ergebnis zu erhalten, das gewünscht ist. Tippe es ein und staune:

```
10 A=RND(-1294):FORI=1TO52:A=RND(1):NEXT
20 FORI=1TO5:PRINTCHR$(RND(1)*11+69);:NEXT
30 PRINTINT(RND(1)*4711)-3590
```

Oder auch:

```
10 X=RND(-1963):FORI=1TO81:Y=RND(1):NEXT
20 FORJ=1TO5:PRINTCHR$(RND(1)*16+70);:NEXT
30 PRINTINT(RND(1)*328)-217
```

15.6 TRUE=FALSE

Leider gibt es aufgrund von Rundungsfehlern des C64 BASIC beispielsweise folgende Möglichkeit, anstatt eines TRUE ein FALSE zu erhalten:

```
PRINT(SQR(9)=3)
```

Das Ergebnis sollte -1 sein, da die Quadratwurzel SQR aus 9 3 ist, und 3 = 3 ergibt als logische Verknüpfung -1. Doch BASIC gibt eine 0 aus.

Dies liegt an einem internen Rundungsfehler bei der Speicherung von Fließkommazahlen. Man muss die INT- oder ABS-Funktionen verwenden, um es richtig zu machen, denn intern werden 3,000000001 mit 3,00000000 verglichen. Eine weitere Lösung bietet Robin Harbron an, indem der Rundungsfehler mit <.001 ausgeglichen wird. Danke, Robin. Seiner Idee folgend habe ich einige Tests durchgeführt und entdeckt, dass es im Beispiel mit <1 funktioniert. Das Ergebnis ist dann -1, so wie es sein sollte.

```
?SQR(9)-3
 9.31322575E-10

?INT(SQR(9))=3
-1

?SQR(9)-3<.001
-1
```

15.7 Zeile 350800

Die Eingabe einer Basic-Zeile mit der Zeilennummer 350800 oder die Eingabe dieser Zahl ohne weitere Zeichen dahinter bewirkt einen Effekt, als hätte man RUN/STOP + RESTORE gedrückt.

Ähnlich passiert es manchmal, aber eben nicht immer mit 35072121.

15.8 Merkwürdiges Verhalten

Mit „merkwürdigen“ Befehlen kann man den Interpreter zu unerwartetem Verhalten bringen, zum Beispiel mit der Addition einer negativen Zahl an einen String.

```
PRINT 5+"A"+-5.
PRINT .""+-.
```

15.9 Spaß mit TI$

Probiere aus, was passiert, wenn du den folgenden Code startest. Es wird die aktuelle Systemzeit ausgegeben und dann unablässig der Buchstabe Q. Wenn du dann eine Taste drückst, wird dieser Buchstabe an jeder zweiten Stelle angezeigt.

```
1 POKE56334,PEEK(56334)OR7:PRINTTI$
```

Auch interessant ist der Einsatz von OR3. Versuche dann, RUN/STOP zu drücken.

```
1 POKE56334,PEEK(56334)OR3:PRINTTI$
```

PEEKs, POKEs, SYSs, WAITs & CHR$s

16.1 PEEKs

PEEK	Funktion
PEEK(17)	Wert letzter Eingabeart. 0= INPUT, 64=GET, 128=READ
PEEK(18)	SGN Resultat TAN- oder SIN-Funktion
PEEK(19)	Aktueller Ausgabekanal (CMD Logische Dateinummer)
PEEK(21)+PEEK(22)*256	Zeilennummer für GOTO, LIST,ON & GOSUB
PEEK(23)+PEEK(24)*256	Adresse zum letzten STRING
PEEK(25)+PEEK(X)*256	Stack für temporäre STRING (X = 26 bis 33)
PEEK(34) - (37)	Temporäre Datenstacks
PEEK(36)/(37)	Zeiger für indirekte Speicherung
PEEK(38)/(41)	Fließkommaergebnis der Multiplikation (Mantisse)
PEEK(43)+PEEK(44)*256	BASIC-Programm Anfang
PEEK(45)+PEEK(46)*256	BASIC-Programm Ende
PEEK(47)+PEEK(48)*256	BASIC-Arrayspeicher Anfang
PEEK(49)+PEEK(50)*256	BASIC-Arrayspeicher Ende
PEEK(51)+PEEK(52)*256	BASIC-Stringspeicher Anfang
PEEK(53)+PEEK(54)*256	BASIC-Temporäre Pointer für Strings/Vorheriger String
PEEK(55)+PEEK(56)*256	Pointer zur höchsten Adresse die von BASIC genutzt wird
PEEK(57)+PEEK(58)*256	Aktuelle BASIC-Zeilennummer
PEEK(59)+PEEK(60)*256	Vorherige BASIC-Zeilennummer (wird von CONT verwendet)
PEEK(61)+PEEK(62)*256	Aktuelle BASIC-Adresse zum nächsten Befehl
PEEK(63)+PEEK(64)*256	Aktuelle DATA Zeilennummer
PEEK(65)+PEEK(66)*256	Zeiger zum aktuellen DATA Inhalt
PEEK(67)+PEEK(68)*256	Vektor INPUT-Routine
PEEK(69)+PEEK(70)*256	Aktueller BASIC-Variablenname
PEEK(71)+PEEK(71)*256	Zeiger zur aktuellen Variable
PEEK(73)+PEEK(74)*256	Variablenzeiger für FOR/NEXT
PEEK(75)+PEEK(96)*256	Zwischenspeicher für BASIC-Zeiger
PEEK(97)	FAC-Exponent
PEEK(98)-(101)	FAC-Mantisse
PEEK(102)	FAC-Vorzeichen
PEEK(103)	FLAG: Polynomauswertung
PEEK(104)	FAC-Überlauf
PEEK(105)	ARG-Exponent
PEEK(106)-(109)	ARG-Mantisse
PEEK(110)	ARG-Vorzeichen
PEEK(111)	Ergebnis Vorzeichenvergleich FAC/ARG
PEEK(112)	FAC-Niederwertigste Stelle (Rundung)
PEEK(113) / (114)	Zeiger Kassettenpuffer

PEEK(115)-(120)	CHRGET-Routine
PEEK(121)	CHRGOT-Routine
PEEK(122)-(123)	Zeiger Aktuelles BASIC-Text Byte
PEEK(139)-(143)	Eingangswert der RND-Funktion
PEEK(144)	I/O-Statuswort: ST
PEEK(145)	FLAG: STOP-/ RVS-Taste
PEEK(147)	Letztes Lesebefehl
PEEK(150)	Kassettenmotorflag
PEEK(152)	Anzahl offener Dateien
PEEK(153)	Aktuelles Eingabegerät
PEEK(154)	Aktuelles Ausgabegerät
PEEK(157)	FLAG Direktmodus (128), Programmodus (0)
PEEK(160)	Inkrementiert alle 65536 Jiffies 18.2 Minuten
PEEK(161)	Inkrementiert alle 256 Jiffies 4.2 Sekunden
PEEK(162)	Inkrementiert um 1 Jiffy 1/60 Sekunde
PEEK(168)	1=Programm wurde von Kassette geladen; 8=von Diskette
PEEK(182)	Anzahl der Zeichenlesefehler bei RS 232
PEEK(183)	Länge letzter Filename
PEEK(184)	Laufende Filenummer
PEEK(185)	Laufende Sekundäradresse
PEEK(186)	Laufende Geräteadresse
PEEK(187)+256*PEEK(188)	Adresse, ab der der Filename steht
PEEK(197)	Wert aktuell gedrückte Taste - Std. 64
PEEK(200)	Zeilenendezeiger, Anzahl Zeichen zuletzt eingegebene Zeile
PEEK(203)	Zwischencode zuletzt gedrückte Taste - Std. 64
PEEK(205)	Cursor Countdown - Zählt von- 20 abwärts bis 0
PEEK(206)	Liefert Charactercode der aktuellen Cursorposition
PEEK(207)	Cursorblinkphase - 0 und 1. Character aktuelle Cursorposition
PEEK(208)	Tastaturflag - 0 oder 3
PEEK(209)+256*PEEK(210)+PEEK(211)	Aktuelle Position Video-RAM
PEEK(211)	Aktuelle Cursorspalte
PEEK(212)	Quote Flag - 0 oder 1
PEEK(213)	Länge aktuelle Zeile 0 - 39 / 79
PEEK(214)	Aktuelle Cursorzeile
PEEK(215)	Zuletzt eingegebene Zeichencode
PEEK(216)	Anzahl Einfügungen im Quotemodus
PEEK(217)-(242)	HighByte Tabelle Bildschirmzeilen, ab 128 zählt zur Zeile darüber
PEEK(243)/(244)	Anfang Farb-RAM Register
PEEK(245)/(246)	Tastatur-Vektor
PEEK(256)-(511)	Stapelspeicher des Prozessors
PEEK(512)-(600)	BASIC-Eingabepuffer
PEEK(601)-(610)	Tabelle aktive logische Dateinummern

PEEK(611)-(620)	Tabelle Gerätenummern für jede aktive Datei
PEEK(621)-(630)	Tabelle Sekundäradressen jeder aktiven Datei
PEEK(631)-(640)	Tastaturpuffer
PEEK(641)+PEEK(642)*256	Anfang Adresse, BASIC nutzbarer RAM-Bereich
PEEK(643)+PEEK(644)*256	Ende Adresse, BASIC nutzbarer RAM-Bereich
PEEK(646) (0-15)	Aktuelle Zeichenfarbe
PEEK(648)+256	Start Grafikspeicher
PEEK(649)	Größe Tastaturpuffer
PEEK(653)	Aktueller Wert SHIFT, CTRL und CMD-Tasten
PEEK(678)	1=PAL C64, 0=NTSC
PEEK(768)+PEEK(769)*256	Vektor BASIC Warmstart
PEEK(770)+PEEK(771)*256	Vektor BASIC Leerlaufschleife
PEEK(772)+PEEK(773)*256	Vektor BASIC Text in Token umwandeln
PEEK(774)+PEEK(775)*256	Vektor Token in BASIC umwandeln
PEEK(776)+PEEK(777)*256	Vektor BASIC Befehl ausführen
PEEK(778)+PEEK(779)*256	Vektor Token-Auswertung(FRMEVEL)
PEEK(780)	Übergabewert Akkumulator-Register
PEEK(781)	Übergabewert X-Reg1ster
PEEK(782)	Übergabewert Y-Register
PEEK(783)	Übergabewert Prozessor-Statusregister
PEEK(785)+PEEK(786)*256	USR-Sprung
PEEK(788)+PEEK(789)*256	IRQRAM-vektor
PEEK(790)+PEEK(791)*256	BRK-Vektor
PEEK(792)+PEEK(793)*256	NMI Interrupt Vektor
PEEK(794)+PEEK(795)*256	Kernal OPEN-Vektor
PEEK(796)+PEEK(797)*256	Kernal CLOSE-Vektor
PEEK(798)+PEEK(799)*256	Kernal CHKIN-Vektor
PEEK(800)+PEEK(801)*256	Kernal CHKOUT-Vektor
PEEK(802)+PEEK(803)*256	Kernal CLRCHN-Vektor
PEEK(804)+PEEK(805)*256	Kernal CHRIN-Vektor
PEEK(806)+PEEK(807)*256	Kernal CHROUT-Vektor
PEEK(808)+PEEK(809)*256	Kernal STOP-Vektor
PEEK(810)+PEEK(811)*256	Kernal GETIN-Vektor
PEEK(812)+PEEK(813)*256	Kernal CLALL-Routine
PEEK(814)+PEEK(815)*256	Benutzer-IRQ Vektor
PEEK(816)+PEEK(817)*256	Kernal LOAD-Vektor
PEEK(818)+PEEK(819)*256	Kernal SAVE-Vektor
PEEK(828)-(1019)	Kassettenpuffer
PEEK(1024)-(2047)	Video-RAM
PEEK(53266)	VIC-Register (Z. B. als Zufallsgenerator)
PEEK(56320)	Joystickport 1 (1=oben;2=unten;4=linsk:8=rechts;16=Feuer)
PEEK(56321)	Joystickport 2

16.2 POKEs

Standard = Standardeinstellung

POKE	Funktion	Standard
POKE0,7	verhindert LOAD bei Kassette	47
POKE1,51	blendet den I/O aus	55
POKE12,1	DIM-Befehl vortäuschen mit SYS45762	0
POKE17,X	setzt Eingabeparameter: INPUT (0), GET (64), READ (152)	0
POKE19,65	Kein INPUT Fragezeichen	0
POKE22,35	Keine Zeilennummern bei LIST und nicht editierbar	25
POKE24,0	setzt Ausführung fort nach "=?FORMULA TO COMPLEX ERROR"	0
POKE44,9	verschiebt Basic Anfang. So kann z. B. LOAD"$",8,1 angezeigt werden. Ein Autostart wird verhindert	9
POKE45,PEEK(831)	mit POKE 46,PEEK(832); CLR = LOAD Error umgehen	
POKE115,0	Jedes Kommando führt RUN/STOP RESTORE aus	230
POKE120,0	Der C64 nimmt keine Basic-Befehle mehr an	123
POKE157,0	unterdrückt alle Meldungen	192
POKE157,64	lässt ERROR Nachrichten im Programm zu	192
POKE157,128	lässt Meldungen wie "LOADING" im Programm zu	192
POKE161,0	setzt interne Uhr TIME/TI/TI$ zurück auf 0 Std. = Systemzeit	
POKE198,0	löscht den Tastaturpuffer	0
POKE199,1	Reverse Zeichenausgabe	0
POKE204,0	schaltet Cursor bei GET an	1
POKE205,X	Zähler Cursor-Blinken; zählt alle 1/60 Sekunden von 20 herunter; bei 0 Phasenwechsel	59
POKE209,LO:POKE210,HI	Adresse aktueller Zeile setzen	120: 4
POKE211,X	setzt Cursorposition aktueller Zeile (0-39)	
POKE212,1	schaltet Quote Modus aus. Alle Steuerzeichen darstellbar	0
POKE213,X	setzt das Zeilenende einer Zeile	39
POKE214,X	versetzt den Cursor um X Zeilen (0-24)	0
POKE216,X	Insertmodus An & Anzahl der Insertzeichen (max. 255)	0
POKE220,X	Bildschirm Glitch, mit Cursor runter	132
POKE234,1	Bildschirm Glitch bei List und Cursor runter	134
POKE631,82	zusammen mit 632,69;633,212;634,13;198,4 = LIST im Programm	0
POKE641,L:POKE642,H:SYS58260	Anfangsadresse BASIC-Programm	0: 8
POKE643,L:POKE644,H:SYS58260	Endadresse für BASIC-Arbeitsspeicher	0: 160

POKE646,X	Cursor-/Zeichenfarbe (0-15)	14
POKE648,X	setzt Anfang Bildschirmspeicher	4
POKE649,0	Tastatureingabe abschalten	10
POKE649,X	Tastaturpuffergröße setzen	10
POKE650,0	Tasten-Wiederholung (Repeat) für <INST/DEL>, <Leertaste> & <CRSR>	0
POKE650,64	Tasten-Wiederholungautomatik (Repeat) Keine Taste	0
POKE650,128	Tasten-Wiederholungsautomatik (Repeat) Jede Taste	0
POKE652,X	Verzögerungszähler, bis Repeat (POKE650) von (0-255)	16
POKE657,1	SHIFT und Commodore Tasten abschalten	0
POKE657,128	verhindert Groß-/Kleinschrift-Umschaltung	0
POKE658,1	verhindert Zeilensprung nach der 40ten Spalte	0
POKE677,X:SYS59777	fügt Leerzeile an Zeile X ein & Zeilenvorschub (0-24)	
POKE768,226:POKE769,252	Programmende führt zu Reset	139/227
POKE768,61	unterdrückt Fehlermeldungen	139
POKE770,X	erzeugt je nach X unterschiedliche seltsame Reaktionen	131
POKE774,0	LIST zeigt nur Zeilennummern	26
POKE774,22	LIST zeigt Datenmüll	26
POKE774,226:POKE775,252	LIST führt zu Reset	26/127
POKE775,168 oder 191 oder 200	LIST-Schutz	167
POKE776,1	verhindert Start und Auflisten eines Programms	228
POKE780,X:SYS59848	kopiert 40 Zeichen des Bildschirmspeichers von Zeile X an aktuelle Cursorposition	0
POKE780,X	AKKU-Register SYS	0
POKE781,Z:SYS59903	Löscht Zeile (0-24)	0
POKE781,X	X-Register SYS	0
POKE782,N:SYS59903	Löscht N-Zeichen Zeile (0-39)	0
POKE782,X	Y-Register SYS	0
POKE783,X	Prozessorstatus-Register für SYS (1 = Carry Bit gesetzt)	0
POKE785,88:POKE768,168:SYS47083(Zeilennummer GOTO),USR(0)	= GOTO berechnete Zeile (altern. Kap. 12.10, GOTO X)	72
POKE788,52	schaltet Interrupt Stopptaste & interne Uhr ab	49
POKE788,60	Cursor blinkt schnell (TIME wird gestoppt)	49
POKE788,80	Cursor bleibt an	49
POKE788,90	Cursor bleibt aus	49
POKE792,193	deaktiviert <RUN/STOP RESTORE>, jedoch nicht <RUN/STOP>	71
POKE792,226:POKE793,252	RESET bei RESTORE	71/254
POKE806,0	löscht den Bildschirm	202
POKE808,127	verhindert RUN	237
POKE808,225	<RUN/STOP RESTORE> ausschalten & LIST arbeitet nicht korrekt	237

POKE808,239	<RUN/STOP> abschalten	237
POKE808,255	RESTORE abschalten	237
POKE813,2	verhindert editieren eines Programms	243
POKE816,157	verhindert LOAD	165
POKE818,226:POKE819,252	verhindert SAVE	237
POKE818,32	verhindert SAVE	237
POKE818,253:POKE819,253	ergibt „Missing-File-Name“	237
POKE2040,X bis 2047,X	Sprite Datenzeiger (1-255)	13
POKE53248,X/53249,Y bis 53262,X/53263,Y	setzt jeweils X (0-255) und Y (0-255) Koordinaten der Sprites 0-7	0
POKE53264,X	setzt Sprite MSB Register	0
POKE53265,11	Bildschirminhalt unsichtbar, ohne verlorenen Inhalt	27
POKE53265,PEEK(53265) AND248+Y	Bildschirm vertikal verschieben (0-7)	27
POKE53265,PEEK(53265)OR32	BitMap Mode = Ein, AND 223 = Aus	27
POKE53265,PEEK(53265)OR64	Extended Color Mode = Ein, AND 191 = Aus	27
POKE53269,PEEK(53269) AND(255-2hochX)	schaltet Sprite X aus	0
POKE53269,PEEK(53269) OR(2hochX)	schaltet Sprite X ein	0
POKE53269,0	schaltet alle Sprites aus	255
POKE53270,PEEK(53270) AND248+X	Bildschirm horizontal verschieben (0-7)	0
POKE53270,PEEK(53270)OR16	Multicolor Character Mode = Ein, AND 239 = Aus	0
POKE53271,(PEEK(53271) OR2^SN.	vergrößert Y-Achse SN = Sprite 0 bis 7	0
POKE53271,(PEEK(53271) AND(255-2^SN).	verkleinert Y-Achse SN = Sprite 0 bis 7	0
POKE53272,(PEEK(53272) AND240)ORX,	verändert Lage des Charater-Speichers X=0,2,4,8,10,12,14	0
POKE53272,22	schaltet Kleinschrift ein; Großschrift	21
POKE53272,29	ändert alle Zeichen in REVERSE Space (wechselt Char RAM Ort)	21
POKE53277,(PEEK(53277) OR2hochS.	vergrößert X-Achse; S = Sprite (0-7)	0
POKE53277,(PEEK(53277) AND(255-2hochSN).	verkleinert X-Achse; S = Sprite (0-7)	0
POKE53280	setzt Rahmenfarbe (0-15,16-31 usw.)	254
POKE53281	setzt Hintergrundfarbe (0-15,16-31 usw.)	246
POKE53287,X bis 53294,X	setzt Sprite 0-7 die Farbe X (0-15)	0
POKE53526,X	verschiebt den Bildschirm um einen Pixel nach rechts (X=0-7 mit Bildschirmverkleinerung um eine Spalte, 8-15 ohne)	200
POKE53472,X	Alternative zu 53280 - setzt Rahmenfarbe (0-15, 16-31 usw.)	254

POKE53473,X	Alternative zu 53281, setzt Hintergrundfarbe (0-15 usw.)	246
POKE54296,15	schaltet den SID auf volle Lautstärke und wieder aus mit POKE54296,0, erzeugt Klickgeräusch (0-15, 16-31 usw.)	0
POKE55296+X,Y	setzt Farbspeicherposition X (0-999), Farbe Y (0-15)	0
POKE56325,X	ändert Interrupt Abfragefrequenz (0-255) Timer A High Byte	52
POKE56333,127	sperrt Interrupt CIA 1	0
POKE56334,PEEK(56334) AND254	sperrt TIMER A Interrupt	1
POKE56341,X	ändert Cursorblinkgeschwindigkeit	51
POKE56355,4	lässt Cursor nahezu unaufhaltsam wandern	0
POKE53473,X	Alternative Adresse zu 53281, setzt Hintergrundfarbe (0-15 usw.)	246
POKE56589,127	sperrt Interrupt CIA 2	0
POKE59458,62	Killer POKE für den Commodore PET :)	

16.3 SYSs

SYS	Funktion
SYS42039	Fehlermeldung Ausgabe mit 781,X (X=Zeilennummer/10-10)
SYS42115	END ohne READY-Meldung
SYS42336	Zeileneingabe
SYS42590	führt CLR aus
SYS42654	führt LIST aus
SYS43121	führt RUN aus
SYS43853	gibt zwei Fehlermeldungen aus
SYS44049	liest den Eingabepuffer mit POKE511,1
SYS46374	löst Garbage-Collection aus
SYS45762	DIM-Befehl vortäuschen zusammen mit POKE12,1
SYS48578	liefert im Programmmodus die aktuelle Zeilennummer, sonst Unsinn
SYS57812"Name",8	speichert RAM mit POKE193,LowByte(Anfang): POKE914,HighByte: POKE780,193:POKE781,LowByte(Ende): POKE782,HighByte
SYS57812"Name",8	lädt in RAM mit POKE780,0:POKE781,LowByte(Anfang); POKE782,HighByte
SYS58251	startet die ERROR-Routine POKE781,X
SYS58253	NEW und Einschaltmeldung (Warmstart)
SYS58260	BASIC Kaltstart
SYS58266	löscht BASIC und zeigt Startbildschirm
SYS58592	8,5 Sekunden Pause. Unterbrechen mit CBM-Taste und RUN/STOP

SYS58636	setzt Cursor mit POKE781,X und POKE782,Y
SYS58640	setzt Cursor mit POKE214,X und POKE211,Y
SYS58648	löscht den Bildschirm
SYS58652	löscht den Bildschirm
SYS58692	löscht den Bildschirm
SYS58722	löscht die Anzahl der Bildschirmzeilen von 0 bis POKE781,X (0-24)
SYS58723	löscht die Anzahl der Bildschirmzeilen von 0 bis POKE781,X (0-24)
SYS58726	HOME
SYS58778	initialisiert den VIC
SYS58792	setzt Videochip auf Standardwerte zurück
SYS59062	fügt Leerzeichen ein
SYS59137	springt zum Ende der vorigen Zeile
SYS59516	bewegt den Cursor eine Zeile runter
SYS59537	gibt ein Carriage Return aus (Zeilenvorschub)
SYS59622	schiebt Bildschirm eine Zeile hoch
SYS59623	schiebt Bildschirm eine Zeile hoch
SYS59624	löscht den Bildschirm
SYS59626	schiebt Bildschirm eine Zeile hoch (Zeilenrückschub)
SYS59749	fügt eine Leerzeile ein (aktuelle Cursorposition)
SYS59757	schiebt Bildschirm eine Zeile runter, dann hoch (beim ersten Aufruf)
SYS59761	fügt leere Zeile 0 ein und schiebt Bildschirminhalt runter
SYS59765	fügt leere Zeile 24 ein und schiebt Bildschirminhalt hoch
SYS59777	schiebt Bildschirm eine Zeile runter (siehe POKE677)
SYS59888	kopiert Bildschirmzeilen: SYS59888: POKE172,PEEK(60655+Startzeile): POKE780,PEEK(215+Startzeile): SYS59848
SYS59903	löscht mit POKE781,X (0-24) X Zeichen einer Reihe
SYS59905	löscht mit POKE781,X (0-24) X Zeichen einer Reihe und 782,Y Spalten (0-39)
SYS59923	zeigt den POKE780,A (CHR$) & Farbe POKE781,X (0-15) an der Cursorposition
SYS59940	findet für aktuelle Cursorposition relevante RAM-Farbe
SYS62255	schließt alle offenen Dateien
SYS62913	gibt zuletzt benutzten Dateinamen aus
SYS63119	gibt zuletzt benutzten Dateinamen aus
SYS63123	Ausgabe letzter Dateiname
SYS63528 und SYS63529	schreiben „OK“
SYS63530	zeigt ein „$“
SYS63531	zeigt ein „=“
SYS63544	wartet auf PLAY-Taste und gibt passenden Text aus
SYS64738	Reset (Kaltstart)
SYS64760	Warmstart
SYS64763	Warmstart, setzt aber IO-Vektoren nicht zurück

SYS64767	Warmstart, Bildschirmfarben bleiben, Basic-Erweiterungen werden abgeschaltet
SYS64931	Neuinitialisierung aller Interrupts CIA 1
SYS65001	verlangsamt Bildschirmausgabe – SYS65002 setzt wieder zurück
SYS65126	STOP/RESTORE – löscht Variablen wie CLR & löscht Bildschirm
SYS65406	löscht den Bildschirm
SYS65409	setzt VIC zurück (u.a. leert Bildschirm)
SYS65418	initialisiert alle I/O Vektoren
SYS65493	lädt das Programm mit zuletzt benutzen Namen
SYS65496	speichert aktuelles Programm mit zuletzt benutzen Namen
SYS65484	initialisiert Tastatur & Bildschirm neu
SYS65499	setzt interne Uhr TIME/TI/TI$="000000"
SYS65520	setzt Cursor nach POKE781,X und POKE782,Y

16.4 WAITs

SYS	Funktion
WAIT145,16,16	wartet auf Joystick Feuerknopf Port 1
WAIT162,x	Mit POKE162,0:WAIT162,2^6 entspricht das etwa 1 Sekunde Wartezeit
WAIT198,1	wartet auf einen Tastendruck (außer SHIFT,CBM,CTRL)
WAIT653,1	wartet auf SHIFT
WAIT653,2	wartet auf CBM
WAIT653,4	wartet auf CTRL
WAIT53265,128	wartet auf den Rasterinterrupt des VIC (nächste Scanline)
WAIT56320,1,1	wartet auf Joystick Hoch (Port2)
WAIT56320,2,2	wartet auf Joystick Runter (Port2)
WAIT56320,4,4	wartet auf Joystick Links (Port2)
WAIT56320,8,8	wartet auf Joystick Rechts (Port2)
WAIT56320,16,16	wartet auf Joystick Feuerknopf (Port 2)
WAIT56321,X,X	analog zu 56320 Joystick Port 1

16.5 CHR$s

CHR$	Funktion
CHR$(3)	Stop
CHR$(5)	Weiß
CHR$(8)	Disable C=-Shift
CHR$(9)	Enable C=-Shift
CHR$(13)	Return (CR)
CHR$(14)	Kleinschrift
CHR$(17)	Cursor runter
CHR$(18)	Reverse an
CHR$(19)	Home
CHR$(20)	Backspace/Delete
CHR$(28)	Rot
CHR$(29)	Cursor rechts
CHR$(30)	Grün
CHR$(31)	Blau
CHR$(34)	Anführungszeichen
CHR$(129)	Orange
CHR$(131)	Run
CHR$(133)-(140)	F1 - F8
CHR$(141)	Shift-Return
CHR$(142)	Großschrift
CHR$(144)	Schwarz
CHR$(145)	Cursor rauf
CHR$(146)	Reverse aus
CHR$(147)	Clear
CHR$(148)	Einfügen
CHR$(149)	Braun
CHR$(150)	Pink
CHR$(151)	Dunkelgrau
CHR$(152)	Grau
CHR$(153)	Hellgrün
CHR$(154)	Hellblau
CHR$(155)	Hellgrau
CHR$(156)	Lila
CHR$(157)	Cursor links
CHR$(158)	Gelb
CHR$(159)	Cyan

Weblinks

Hier findest du nützliche Links: Magazine zum Herunterladen, Listings zum Abtippen und Copy/Pasten und praktische BASIC-Tools.

17.1 Magazine

INPUT64:
https://www.pagetable.com/docs/input64/

64'er Magazine:
- https://www.forum64.de/index.php?thread/83124-jahresinhalt-64-er-93-94-95-und-96-als-pdf/
- https://archive.org/details/64er_magazine

17.2 Listings

- https://www.lemon64.com/forum/viewtopic.php?p=986208
- https://www.lemon64.com/forum/viewtopic.php?t=29142

17.3 BASIC-Tools

- https://commodore.software/downloads/category/55-basic-tools
- https://commodore.software/downloads/category/10-basic-extensions

TIPP: Links ohne Eintippen
Alle Links findest du auch auf der Serviceseite zum Buch unter https://www.lookbehindyou.de/service-seite-zu-for-basic-to-one-liners/

Danksagungen und Quellennachweise

Forum64

Danke für Beiträge aus dem Forum64, wie zum Beispiel:

- https://www.forum64.de/index.php?thread/51227-commodore-free-one-liners-competition
- https://www.forum64.de/wcf/index.php?attachment/65014-marvin-oneliners-zip/
- https://www.forum64.de/wcf/index.php?attachment/65015-led-clock-xmas-edition-d64/
- https://www.forum64.de/wcf/index.php?attachment/65044-oneliner-50fpsgrid-theryk-c64-basic-2-0-d64/
- https://www.forum64.de/wcf/index.php?attachment/65045-lightfoot-zip/
- https://www.forum64.de/wcf/index.php?attachment/65047-simonstelling-d64/
- https://www.forum64.de/wbb3/board25-coder-unter-sich/board308-programmieren/
- https://www.forum64.de/wbb3/board26-basic/55688-zeichensatz-editor-in-einer-zeile/
- http://blog.c128.net/archives/1551

Ultra-Flashnoter 3.0

- http://csdb.dk/release/?id=109072
- http://www.powerprograms.nl/commodore-64/
- https://homecomputerguy.de/2020/02/21/c64-basic-one-liner/
- https://gkanold.wixsite.com/homeputerium/kopie-von-2020

BAS.EDIT

- https://web.archive.org/web/20210102223448/
- http://www.stojalowski.de/BasEdit/

Bildschirmcodes des C64

Auf einen Blick: https://www.c64-wiki.de/wiki/Zeichen#Bildschirmcodes_des_C64

Normale Zeichen (oben) werden mit den Bildschirmcodes 0 bis 127 abgedeckt, inverse Zeichen (unten) mit den Bildschirmcodes 128 bis 255.

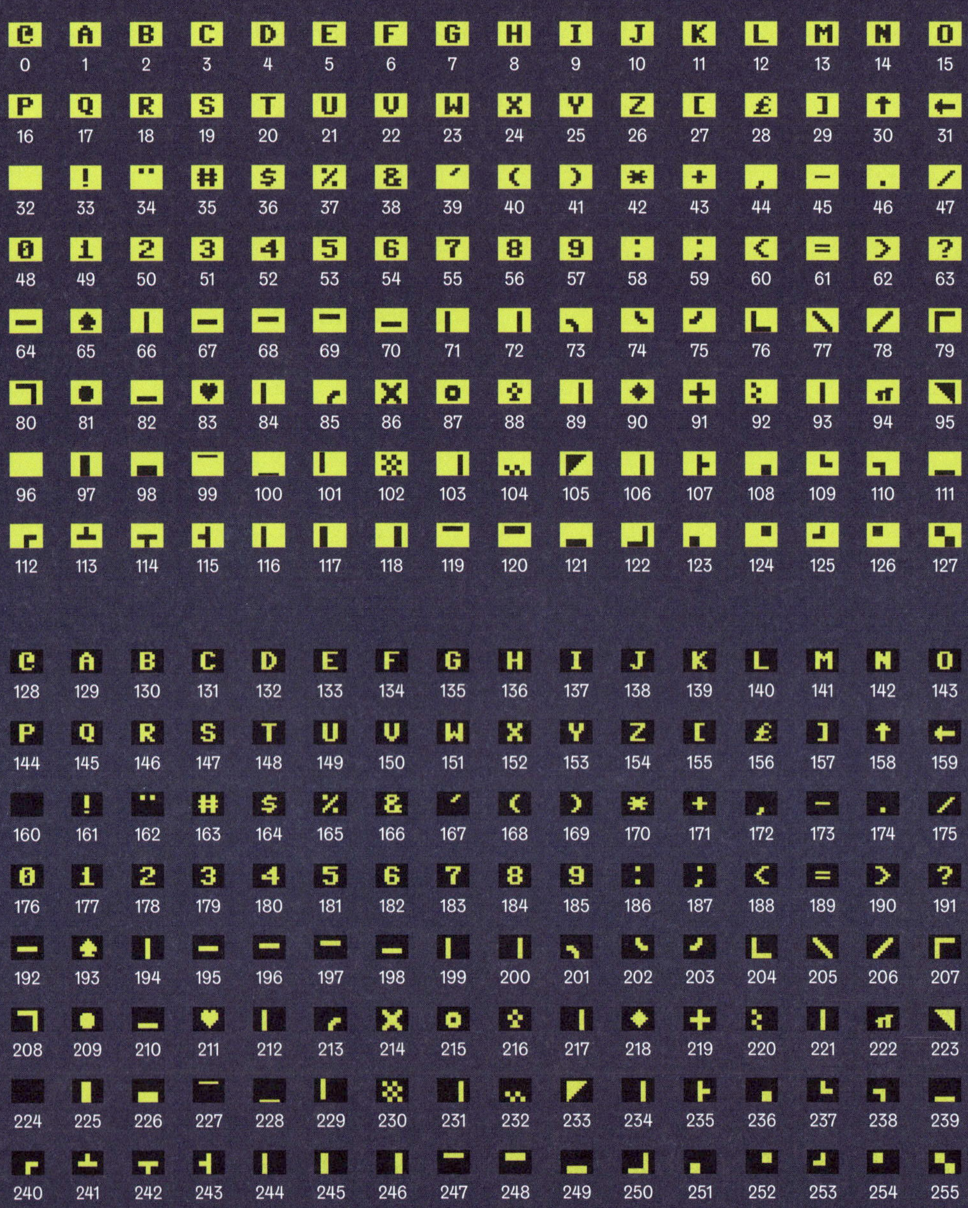